OBSERVATIONS

SUR LE RÉGIME ACTUEL

DE LA BOURSE

PAR

M. DE FUMERON

ANCIEN CONSEILLER D'ÉTAT, ANCIEN DÉPUTÉ, ETC.

❦

PARIS

IMPRIMERIE DE W. REMQUET, GOUPY ET Cie

RUE GARANCIÈRE, 5

—

1862

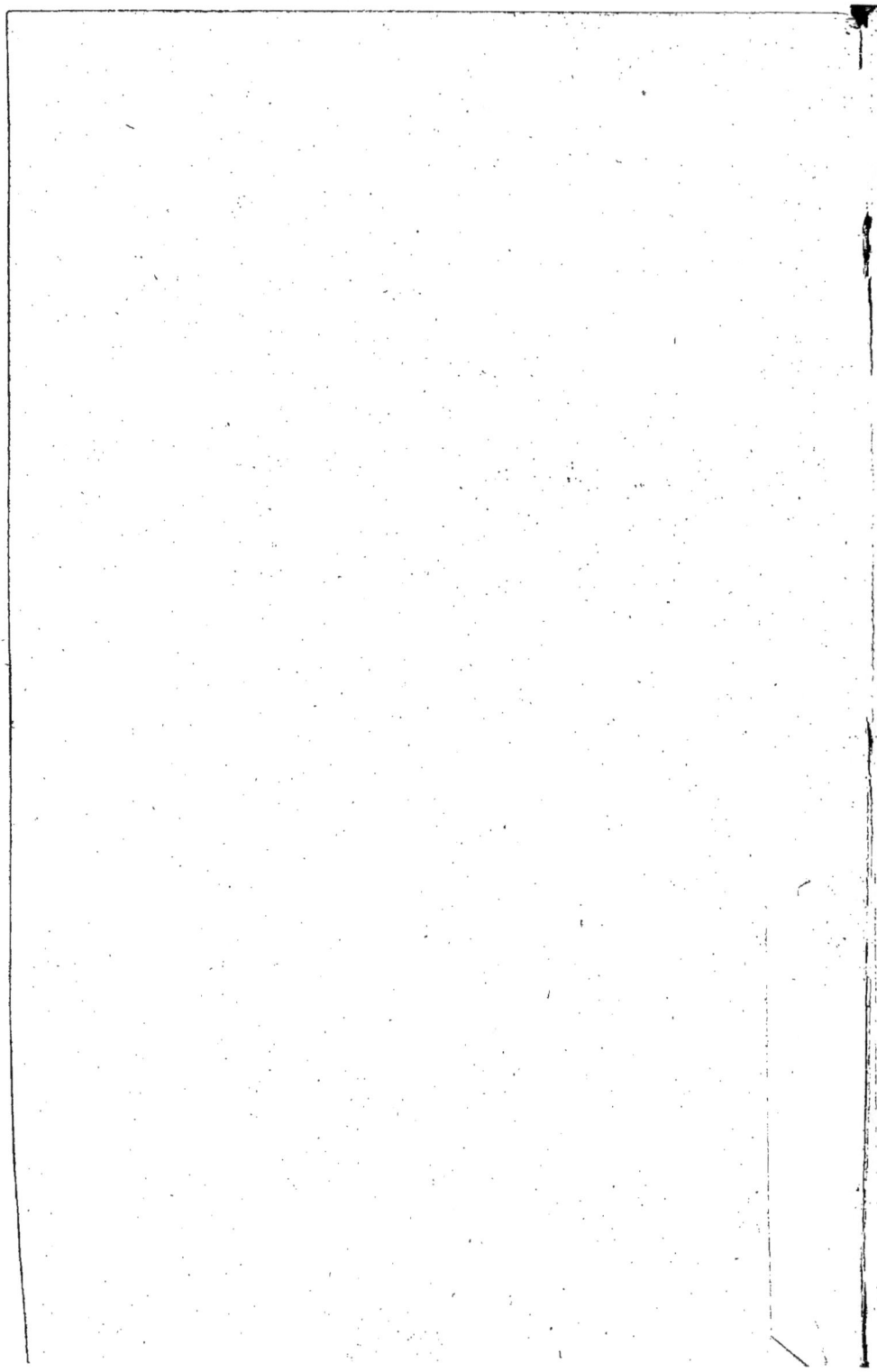

OBSERVATIONS

SUR LE RÉGIME ACTUEL

DE LA BOURSE

C.

OBSERVATIONS

SUR LE RÉGIME ACTUEL

DE LA BOURSE

PAR

M. DE FUMERON

ANCIEN CONSEILLER D'ÉTAT, ANCIEN DÉPUTÉ, ETC.

PARIS

IMPRIMERIE DE W. REMQUET, GOUPY ET Cie

RUE GARANCIÈRE, 5

1862

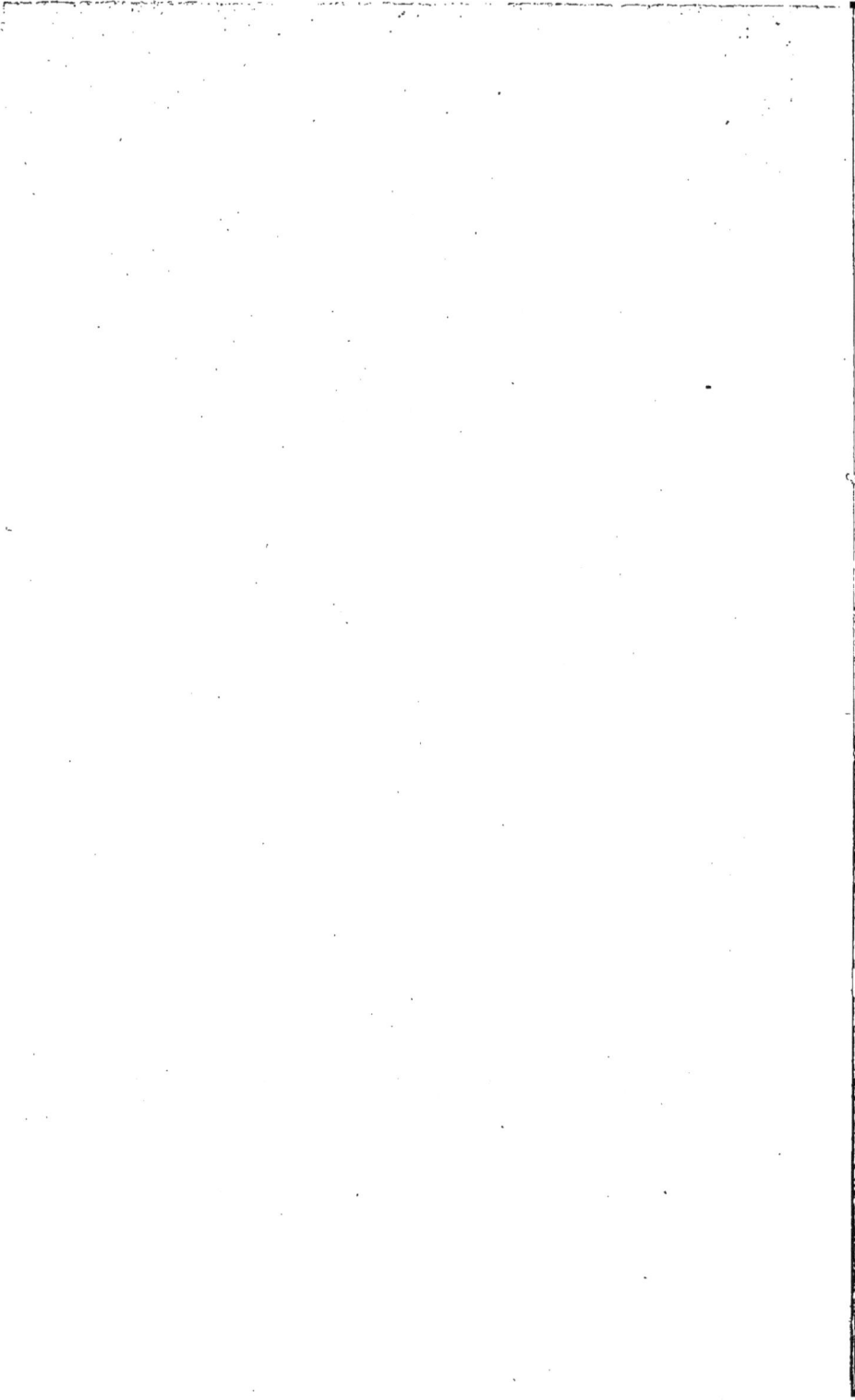

INTRODUCTION

Un de mes amis, me trouvant occupé à cor-
riger et à mettre au net cet écrit, eut la curiosité
d'en lire quelques pages. « Quoi! me dit-il, c'est
« sur les opérations de Bourse que vous vou-
« lez élever une discussion! que pouvez-vous
« dire à ce sujet qui n'ait déjà été dit cent fois?
« Il a été publié sur cette matière tant d'ou-
« vrages dans lesquels le pour et le contre ont
« été exposés et discutés; les abus et les dan-
« gers signalés; la nécessité des réformes dé-
« montrée jusqu'à l'évidence! Les raisonne-
« ments les plus forts, les conseils les plus
« sages, les considérations les plus puissantes
« de prudence et de morale n'ont pu empêcher

« ni les dupes de se ruiner, ni les habiles de
« s'enrichir aux dépens des dupes. Vous ne
« pourrez que répéter ces louables déclama-
« tions avec autant de force et de zèle et aussi
« peu de succès. »

— Oui, sans doute, on a beaucoup discuté,
beaucoup écrit sur cette matière ; et cependant,
à ce que je crois, tout n'a pas été dit, ou du
moins tout n'a pas été dit de manière à amener
un résultat utile, à provoquer une décision sa-
tisfaisante. Dans cette discussion si vive, chacun, préoccupé de son idée fixe, entraîné par
sa passion dominante ou par ses intérêts, me
semble avoir dépassé le but. L'austère mora-
liste, dans son indignation contre l'agiotage et
les manœuvres des joueurs, voudrait interdire
toute opération autre que les négociations immédiatement et matériellement réalisées, ayant
un objet déterminé, et n'admettant aucune condition éventuelle ou aléatoire. Les hommes de
Bourse, les joueurs, soutiennent obstinément
que ce que l'on flétrit du nom d'agiotage n'est
autre chose que la simple spéculation ; que tout
marché, quels qu'en soient l'objet, la durée,

l'échéance, qu'il soit ou non conditionnel, aléatoire, doit être permis et entièrement libre : ils
ne veulent souffrir aucune modification, laisser
porter aucune atteinte au régime actuel de la
bourse, qui pour eux est l'arche sainte. Les
premiers, par l'excès de leur zèle réformateur,
rendraient impossibles beaucoup d'opérations
devenues nécessaires par le mouvement, aujourd'hui si actif, des affaires, et paralyseraient
la spéculation en s'efforçant d'étouffer l'agiotage. Les autres, sanctionnant et légitimant
tous les vices du régime actuel, porteraient
bientôt à son dernier paroxysme la fièvre du
jeu, dont nous n'éprouvons déjà que trop les
funestes effets. C'est entre ces deux excès qu'il
faut chercher une solution juste et sage, et c'est
là le but que nous nous sommes proposé ; c'est
pour ouvrir la discussion sur cette recherche,
pour appeler l'attention et même les critiques
des hommes de bonne foi, que nous avons pris la
plume. On verra que nous sommes bien éloigné
d'ignorer ou de méconnaître les besoins nouveaux que les progrès de tout genre ont créés
pour une société essentiellement industrielle,

spéculatrice et entreprenante ; que nous proposons d'y satisfaire en tout ce qui est juste, honnête et réellement utile, et que nous n'attaquons
que des abus aussi funestes que scandaleux.

« — Vous ne voulez combattre que les abus !
« mais ici, comme toujours, c'est précisément
« l'abus que l'on défend avec le plus d'opiniâ-
« treté. Songez que quarante années de prati-
« que de l'industrie boursière ont infusé dans
« nos mœurs les abus même que vous criti-
« quez ; que pour des milliers d'individus de
« toutes les classes, ce jeu, l'agiotage, si vous
« le voulez, est devenu un métier, un mirage
« perpétuel de richesse, le mouvement, la vie.
« Trop d'intérêts, et des influences trop puis-
« santes soutiennent ce que vous attaquez. On
« vous traitera de frondeur, de déclamateur,
« d'utopiste, d'idéologue ; on dira que vous ne
« comprenez rien aux affaires de finance ; on
« lèvera les épaules sans vous réfuter ; on étouf-
« fera votre écrit par le silence, et il ne sera
« pas même lu. N'allez donc pas, sans y être
« obligé par devoir, d'office et de gaîté de cœur,
« vous constituer le champion de la morale

« publique, et provoquer tant d'anathèmes.
« Admettons que vos critiques soient justes et
« incontestables : toutes vérités ne sont pas
« bonnes à dire. Rappelez-vous ce mot d'un
« philosophe qui connaissait bien notre société :
« Si j'avais ma main pleine de vérités, je me
« garderais bien de l'ouvrir ! »

— Maxime d'égoïste que nous n'admettons
pas. Si tous les gens de cœur, si tous les hommes d'expérience adoptaient ce système méti-
culeux, le monde serait condamné au règne du
vice et de l'erreur à perpétuité.

Ces considérations ne nous ont donc pas arrêté. Toutefois, en prenant la plume pour traiter
un pareil sujet, nous ne nous sommes pas dis-
simulé combien cette tâche est ingrate. On doit
toujours s'attendre à être, dès l'abord, accueilli
avec défaveur lorsque l'on vient soumettre à
la critique et, sous certains rapports, remettre
en question une institution que tout le monde
est habitué à regarder comme chose reçue ; qui
fonctionne depuis longtemps sans opposition
formelle ; qui semble protégée par l'autorité, et
que tolèrent ceux-là même qui ne l'approuvent

pas. Que sera-ce, s'il s'agit d'une institution qui
entretient et surexcite notre passion la plus vive,
la soif du gain et de la richesse; qui pour un
grand nombre d'individus, et particulièrement
pour beaucoup de personnes riches et puissantes, est la source et le fondement de leur fortune ou de leurs espérances? Tous ces intérêts,
nés du jeu, et qui ne vivent que par le jeu, se soulèveraient et opposeraient la défense la plus vive
et la plus obstinée, s'ils se croyaient sérieuse-
ment menacés d'un rappel à la légalité. Mais
ils se rassurent en pensant qu'on n'osera jamais
tenter une réforme pareille, ou que du moins il
faudra qu'un long temps s'écoule encore, et que
des circonstances bien favorables se présentent
pour que le Gouvernement s'y hasarde.

« — S'il n'y a aucun espoir d'obtenir cette
« réforme, au moins prochainement, à quoi
« bon soulever, dès à présent, ce débat, alarmer
« des intérêts, provoquer une lutte animée? »

— Pour cela, plusieurs motifs. D'abord, tandis que l'erreur proclamée par le charlatanisme
se propage promptement, la vérité ne parvient
que bien lentement à se faire jour; son triom-

phe sans doute est certain; mais il a besoin d'être préparé longtemps d'avance. Ce n'est qu'à force de raisonnements, de preuves, d'instances réitérées, que l'on peut parvenir à faire réformer les abus. C'est la goutte d'eau qui finit par creuser le rocher; mais il faut qu'elle tombe. Il a fallu des siècles, et même une révolution, pour obtenir l'unité de législation, de juridiction et de coutumes; l'assujettissement de toutes les classes aux mêmes impôts; l'uniformité des poids et mesures; la liberté de l'industrie, et tant d'autres conquêtes tout aussi légitimes. Les plus habiles publicistes du xviiie siècle les avaient réclamées bien longtemps sans succès; en concluera-t-on que leurs écrits aient été sans utilité ?

Jusqu'à présent, les joueurs, satisfaits de la liberté plénière qui leur était laissée pour l'exercice patent de leur déplorable industrie, passaient aisément condamnation sur la réprobation morale dont l'opinion publique les frappait. Mais, enhardi probablement par une approbation implicite, on aspire maintenant à de plus grands succès; on veut faire des prosélytes.

A l'aide de quelques sophismes, que nous espérons pouvoir facilement réfuter, on préconise
hautement l'agiotage; on le représente, on le
prône comme l'agent le plus puissant pour activer le mouvement des affaires et faciliter les
transactions, même pour soutenir le crédit de
l'État; on s'efforce de décréditer la propriété
foncière et l'agriculture, pour attirer les capitaux à la Bourse[1] : afin de séduire le public et
de capter sa confiance, on se garde bien de lui
dévoiler les dangers du jeu; on lui présente,
au contraire, sous le jour le plus favorable, les
spéculations les plus hasardeuses ; on lui cite
avec complaisance les gains considérables, les
fortunes promptes et brillantes des joueurs heureux ou plus qu'habiles, et ces funestes ensei-
gnements n'obtiennent que trop de succès.

Il est donc utile d'engager à ce sujet une discussion sérieuse et franche; de réfuter les sophismes; d'éclairer les imprudents qui pour-

---

[1] *Almanach de la Bourse,* 1856, p. 34. — *Guide du
client à la Bourse,* 1859, Ire partie, — et divers écrits sur
la Bourse. — Revues de la Bourse dans divers journaux.

raient tomber dans le piége. C'est pour cela que nous venons apporter notre modeste contingent à cette œuvre, et essayer de donner à l'image du veau d'or notre coup de sape, bien faible sans doute, mais qui, peut-être, en provoquera de plus puissants.

Nous ne sommes point, d'ailleurs, nous l'avons déjà dit, de ces réformateurs absolus et aveugles, qui aiment mieux démolir que réparer, et veulent raser l'édifice tout entier pour le reconstruire à leur gré. Nous dirons seulement : nos codes n'ont pu prévoir les exigences et les combinaisons nouvelles qu'ont fait naître depuis lors les progrès du crédit, des arts et de l'industrie : mettez notre législation en harmonie avec l'état actuel de la société et ses besoins nouveaux, mais en maintenant les sages réserves que la politique prescrit aussi bien que la morale.

On verra que nous désirerions non-seulement satisfaire à tous les besoins légitimes du crédit, de l'industrie et de la spéculation honnête, mais même éviter de heurter trop brusquement et trop violemment les passions et les

1.

intérêts qui fermentent et bouillonnent au sein
de notre société actuelle, et faire une part à l'a-
bus, comme on la fait au feu dans un incendie.

— « Vous ne serez pas même écouté, » nous
dit-on !

— Certes, nous n'avons pas la folle prétention
de convertir les joueurs de profession. Ceux
qui se livrent au jeu par passion ou par métier
ne liront pas cet écrit ou le jetteront avec hu-
meur, avec dédain.

D'ailleurs, fussent-ils convaincus, ils n'en
joueraient pas moins, malgré les conseils les
plus sages, et en dépit même des lois ; ce serait
toutefois un grand bien que l'autorité ne parût
plus en être complice. Mais on voit trop souvent
des gens honnêtes, laborieux, économes, séduits par ce dangereux appât, se laisser entraîner et venir jeter leur épargnes, leur patrimoine, même le pain de leurs enfants dans ce
gouffre qui engloutit tant de fortunes. Ceux-
là nous liront peut-être et, si nos observations
et nos avis peuvent arrêter quelques-uns de ces
imprudents sur la pente du précipice et les empêcher de devenir dupes ou victimes ; si l'auto-

rité juge à propos d'intervenir pour mettre enfin un frein au désordre, voilà les succès que nous serions heureux d'obtenir.

Puisque nous avons parlé de l'autorité, ajoutons que l'on doit toujours compter sur son assentiment lorsque l'on prend la défense de la morale et des lois. Si, dans cette discussion, complétement en dehors de toute controverse politique et qui ne porte que sur des questions d'administration et de crédit, nous sommes amené à critiquer certains actes des gouvernements antérieurs, c'est uniquement parce que ces actes étaient en opposition formelle avec nos codes et avaient réglementé l'abus. Notre critique, d'ailleurs, toujours consciencieuse et modérée, ne s'écarte jamais des bornes qu'imposent la loyauté ou les convenances. Nous désirerions d'autant plus voir nos observations agréées et approuvées par l'autorité, qu'à notre avis, le succès ne peut être obtenu que par elle.

La réforme des abus! voilà ce que tous les fauteurs de révolutions prennent pour enseigne et pour mot d'ordre. Lorsqu'ils sont parvenus à s'emparer du pouvoir, combien en a-t-on

vus abolir ces abus contre lesquels ils décla-
maient avec une si généreuse indignation? Les
aristarques, devenus maîtres, substituent d'autres abus à ceux qu'ils avaient blâmés et flé-
tris; ou, mieux encore, ils maintiennent ces
abus et se substituent eux-mêmes aux individus
qui les exploitaient auparavant. Trop souvent,
à la suite d'une révolution philanthropique et
morale, la nation s'aperçoit qu'elle n'a fait que
changer de sangsues.

C'est que le palais du gouvernement est la
Capoue des tribuns du peuple, et que leurs ver-
tueuses ardeurs s'y éteignent avec une extrême
facilité : c'est que le rôle de réformateur expose
à des désagréments et même à des dangers,
parce que chacun ne réclame que contre les
abus dont il ne profite pas; qu'il est plus sûr et
plus doux de se coucher paisiblement dans le
lit de son prédécesseur et de laisser aller le
monde comme par le passé; c'est enfin que les
abus sont beaucoup plus productifs que les
vertus.

Les oppositions peuvent bien dénoncer, si-
gnaler les abus, mais ne les réforment jamais :

ils ne peuvent être réformés que par un gouvernement régulier, juste et fort.

Les journaux annonçaient naguère que le
Gouvernement songeait à modifier l'organisation actuelle de la Bourse, et ils rattachaient
même à ce projet quelques démarches et confé-
rences qui auraient eu lieu entre des ministres
et le syndic des agents de change de Paris[1].

Le Moniteur nous a annoncé, en novembre
dernier, qu'une commission composée de per-
sonnages aussi distingués par leurs connaissances spéciales que par leur expérience, était
instituée par le Gouvernement pour préparer
une révision du code de commerce, afin de le
mettre en harmonie avec les besoins nouveaux
de l'industrie et des négociations : il est donc
opportun aujourd'hui de soumettre au Gouvernement les observations et les plaintes des rentiers et des spéculateurs sérieux qui, par cela
même qu'ils ne jouent pas, n'en ont que plus de
droits à réclamer des garanties efficaces et une
juste sécurité.

---

[1] Divers journaux du 12 au 14 septembre 1861.

Il est encore une observation que nous voulons consigner ici, avant d'entrer dans la discussion.

Nous regretterions extrêmement que, dans nos vives critiques contre les abus, on crût voir soit une malveillance systématique contre une compagnie dont nous nous empressons de reconnaître et de proclamer l'utilité comme les services ; soit des soupçons blessants contre la probité de ses membres. Mais il n'est pas de corporation, si bien composée qu'elle puisse être, qui ne compte parmi ses membres quelques individus moins recommandables, moins scrupuleux que les autres, et que, dans son propre intérêt, elle doit être la première à réprimander et à désavouer. Des avertissements de la chambre syndicale, des démissions et des ventes de charges exigées par elle, et même plusieurs procès qui ont eu le plus fâcheux retentissement, n'ont que trop prouvé que, sous ce rapport, la compagnie de MM. les agents de change n'échappait pas à la loi commune. C'est aux individus de cette catégorie que s'adressent nos critiques; c'est contre les abus qu'ils ont introduits, qu'ils exploitent et qu'ils défendent, que nous voudrions mettre en garde les clients et le public. C'est surtout contre le public lui-même, contre sa passion effrénée pour le jeu que nous déclamons. Nous attaquons les abus, jamais les personnes, et nous sommes loin de vouloir porter la moindre atteinte à la considé-ration d'une compagnie dont nous avons l'honneur de connaître plusieurs membres, pour lesquels nous conservons **toute l'estime** qui leur est justement due.

INDICATION DES PRINCIPAUX OUVRAGES SPÉCIAUX
SUR LES OPÉRATIONS DE BOURSE.

Le but et les bornes de cet écrit ne nous permettant pas d'entrer dans tous les détails des nombreuses combinaisons de la spéculation et des jeux de bourse, nous indiquons ici les principaux ouvrages que peuvent consulter ceux de nos lecteurs qui voudraient connaître à fond tous les mystères de l'art.

Mémoire de la chambre syndicale des agents de change, présenté au ministre des finances pour obtenir un règlement sur la négociation des effets publics; avec appendice. — Paris, imprimerie de Gros, **1843**.

Des opérations de bourse, ou Manuel des fonds publics, etc.; Appréciation des opérations de bourse, dites de jeu, etc., par M. A. Courtois fils. Paris, 1855, pages 10 à 116.

La Bourse de Paris, par M. A. G. de Mériclet, 1856, pages 65 à 83.

Manuel du spéculateur à la Bourse, par P.-J. Proudhon, 3ᵉ édition. Paris, 1857, p. 80 à 101.

Guide du client à la Bourse, etc., par M. L. Calemard de la Fayette. Paris, 1859, p. 52 à 129.

La Bourse, ses opérateurs et ses opérations, etc.; avec un appendice, par M. Jeannotte-Bozérian. Paris, 1859, 1ʳᵉ partie, pages 66 à 145.

L'*Almanach de la Bourse*, annuel, spécialement celui de l'année 1856, où l'on trouve, pages 33 à 76, des extraits du *Traité de la Bourse* de M. Louis Deplanque, et celui de 1861, qui donne, pages 75 à 106, un traité des opérations à prime, depuis la suppression de la coulisse.

L'art de gagner à la Bourse sans risquer sa fortune; par J.-M. Castel. Paris, 1860.

La science de la Bourse; moyens de doubler ses revenus sans courir aucun risque; par Ch. Denéchaud. Paris, Garnier frères, 1861.

Plusieurs brochures et entre autres celles :

Du monopole des agents de change, par M. A. Pagès du Port, 1859.

Des abus de la Bourse, par Th. M. F., août 1859.

Moyens de satisfaire les agents de change, la coulisse et le public, par ...., et L. B., 1859.

Les agents de change, par M. Éd. About, 1861.

OBSERVATIONS

SUR LE RÉGIME ACTUEL

DE LA BOURSE

PREMIÈRE PARTIE

EXPOSITION DE LA QUESTION

Si quelqu'un disait : Il existe un peuple parvenu à un très-haut degré de civilisation ; qui
se vante, à juste titre, de posséder l'ensemble
de codes le mieux coordonné, le plus sage, le
plus conforme au droit naturel et à l'équité ; des
codes que les autres nations lui empruntent ou
lui envient : eh bien! chez ce peuple, on voit
l'autorité non-seulement tolérer, mais approuver, encourager la violation formelle, patente,

continue de ces codes! si quelqu'un disait cela, on se refuserait à le croire.

C'est cependant ce que nous voyons en France depuis plus de quarante ans, et ce n'est pas sur des questions secondaires, sur des matières de peu d'importance; c'est au sujet d'un de nos principaux établissements, l'un des plus utiles, tel que la loi l'avait institué, l'un des plus dangereux tel qu'on l'a modifié, en éludant ou en violant la loi.

Il s'agit de la Bourse, ou du moins de l'établissement qu'à Paris on appelle de ce nom.

Nos observations blesseront tant d'intérêts et de tels intérêts, qu'elles ont besoin d'être appuyées des raisonnements les plus convaincants, des preuves les plus évidentes.

La contradiction entre les règlements administratifs et les lois en cette matière est-elle, en effet, flagrante et manifeste? quelles en ont été les causes? quelles en sont les conséquences?

Définissons et caractérisons d'abord la Bourse de Paris et ses agents de change :

D'après nos codes et les lois postérieures à la création du grand-livre de la dette publique [1].

D'après le fait et les règlements spéciaux.

Les Bourses sont des lieux de réunion ouverts aux commerçants, aux banquiers, aux agents de change, et aux courtiers pour la *négociation* des effets publics et pour les diverses opérations de change, de commerce, etc. (Loi du 28 vendémiaire. an IV, 20 octobre 1795, art. 1er. Arrêté du 27 prairial, an X, 16 juin 1802, art. 23, code de commerce, art. 74).

La Bourse de Paris est devenue une vaste maison de jeu, autant et plus que de négociation, ouverte à tout le monde. Il ne s'y traite plus guère d'affaires de commerce ou de change : on ne s'y occupe presque exclusivement que d'opérations sur les fonds et effets publics; et les neuf dixièmes, au moins, de ces opérations ne sont que fictives et se réduisent à de simples paris sur le cours des effets publics.

L'agent de change est

L'agent de change ne

---

[1] On voit que nous n'allons point chercher des arguments dans les anciens arrêts du conseil, depuis ceux qui furent rendus après la chute de Law, de 1724 à 1740, jusqu'à ceux qui parurent de 1774 à 1787, à l'occasion des manœuvres de l'abbé d'Espagnac et de l'agiotage sur les actions de la Compagnie des Indes.

seul institué pour effectuer les négociations des effets publics et autres susceptibles d'être cotés; mais comme simple agent, n'ayant d'autre fonction que de servir *d'intermédiaire* pour mettre en rapport le vendeur et l'acheteur et constater les conditions du marché entre eux (code de commerce, art. 74, 76 et 84).

Il lui est même interdit, sous des peines sévères, de se rendre garant de l'exécution des marchés dans lesquels il s'entremet (code de commerce, art. 86 et 87).

Il lui est défendu expressément, dans quelque cas et sous quelque prétexte que ce soit, de faire des opérations pour son propre compte, de s'intéresser directement ou indirectement, ou sous un nom supposé dans aucune fait plus le change. Pour les effets publics il n'est plus un simple intermédiaire, il contracte personnellement, et cela ne peut être autrement, puisque le vendeur et l'acheteur ne doivent pas se connaître, et que leurs agents de change sont interposés entre eux, avec obligation formelle du secret le plus absolu.

S'engageant formellement vis-à-vis d'un de ses collègues et de son propre client, l'agent de change devient forcément garant vis-à-vis de son collègue et vis-à-vis du client qui ne connaît que lui.

Cette défense est fort sage, mais elle n'a aucune sanction et est très-facile à éluder: aussi l'est-elle journellement.

entreprise commerciale (code de commerce, art. 85 et 87).

Il lui est interdit formellement d'effectuer des recettes et des payements pour le compte de ses commettants (code de commerce, art. 85 et 87).

Et comme, d'après toutes ces prohibitions, l'agent ne peut, ne doit du moins courir aucun risque, la loi déclare qu'il ne peut, en aucun cas, tomber en faillite et que, le cas échéant, il devra être poursuivi non comme failli, mais comme banqueroutier (code de commerce, art. 89).

Après avoir pourvu aux besoins du commerce loyal et licite, le législateur a prévu les dangers auxquels l'appât séduisant d'un gain considérable et facile pourrait entraîner les spéculateurs, et le tort qui pourrait en

Il est obligé de tenir une caisse, de faire chaque jour des recettes et des payements pour ses commettants puisqu'ils ne connaissent que lui.

Quoique contractant et s'engageant personnellement, s'il se bornait à recevoir l'argent de l'acheteur et à le remettre au vendeur, il ne pourrait en effet faire faillite. Mais assez d'exemples mémorables ont prouvé que les défenses prononcées par les articles 85 et 87 du code de commerce étaient constamment éludées.

résulter pour le crédit public.

Il énumère les contrats aléatoires qu'il déclare licités et refuse toute action pour dette de jeu ou payement d'un pari (code civil, art. 1964 et 1965).

Plus explicitement encore, il punit de peines graves tout pari sur la hausse ou la baisse des effets publics, et déclare que l'on devra considérer et punir comme tel toute convention de vendre ou de livrer des effets publics qui ne seront pas prouvés, par le vendeur, avoir existé à sa disposition au temps de la convention, ou avoir dû s'y trouver au temps de la livraison (code pénal, art. 421 et 422).

Enfin, la loi prescrit aux agents de change de garder le secret le plus inviolable à ceux de leurs clients *qui désirent* ne pas être connus (arrêté

C'est à ce sujet qu'éclate fréquemment le scandale d'une opposition formelle entre les arrêts de la justice et les règlements et coutumes de la Bourse.

C'est pourtant ce qui a lieu tous les jours, publiquement et avec la tolérance, on pourrait même dire sous la protection de l'autorité ; car les marchés fermes qui se résolvent sans livraison de titre et par le simple payement d'une différence, et les marchés à prime de tout genre ne sont que des marchés fictifs et, en réalité, jeu et gageure sur la hausse ou la baisse, comme nous le démontrerons plus tard.

C'est la seule prescription de la loi qu'ils aient constamment et scrupuleusement exécutée. Ils ont même renchéri sur la réserve imposée par la loi;

du 27 prairial, an X, art. 19).

car, lors de certaines vérifications qu'elle devait faire, la chambre syndicale, voulant respecter elle-même ce secret, a enjoint aux agents dont elle allait compulser les livres d'y remplacer, par de simples numéros , les noms des clients.

Le code promettait un acte d'administration publique pour réglementer tout ce qui est relatif à la négociation et à la transmission de propriété des effets publics (code de commerce, art. 90).

Ce règlement n'a jamais été fait ; quels motifs, quelles influences ont pu empêcher de réaliser cette promesse du code?

A défaut de ce règlement d'administration publique, la compagnie a fait elle-même ses règlements, et la chambre syndicale a fixé elle-même le tarif de ses courtages.

Ces règlements n'ont jamais été revêtus de la sanction du pouvoir exécutif, ni même d'une simple approbation ministérielle.

Ces règlements, par cela seul qu'ils font loi pour tous les individus, devraient au moins être

De sorte que c'est la compagnie elle-même qui, dans son propre intérêt, fait la loi à laquelle le

2

approuvés par un acte du pouvoir exécutif.

Règlement général des 12 16 et 19 novembre 1832.

Règlement particulier, aux mêmes dates.

Règlement de liquidation centrale du 19 mai 1845.

Fixation des courtages : délibérations de la chambre syndicale du 21 janvier 1856 et du 10 octobre 1859.

Loi du 28 ventôse, an IX, art. 11.

Arrêté du 29 germinal, an IX, art. 13 et 19.

Code de commerce, art. 90.

Ordonnance du 29 mai, 1816, art. 6.

Les agents de change ont seuls droit et qualité pour faire les négociations des effets publics :

public doit se soumettre et ne peut se soustraire [1]

Au mépris de ces lois, nous avons vu jusqu'en 1859 une bande d'agioteurs se livrer publique-

[1] Les agents de change et courtiers de Nantes paraissent être les seuls qui aient fait approuver par le gouvernement leur règlement de courtage (décret du 31 décembre 1352, 10 février 1853).

tout autre individu qui s'immisce dans ces fonctions, doit être exclu de la Bourse, poursuivi correctionnellement et puni des peines et amendes infligées par la loi.

Loi du 28 ventôse, an IX, art. 8.

Arrêté du 27 prairial, an X, art. 4, 5, et 6.

Code de commerce, art. 76.

Avis du conseil d'État du 17 mai 1809.

ment, en pleine Bourse, à ces négociations, sans droit et sans qualité.

La coulisse, c'est le nom que l'on donnait publiquement à ce repaire du jeu infime et clandestin, si funeste aux classes inférieures, la coulisse fonctionnait chaque jour, patemment, et avait sa place reconnue, assignée dans la salle même, sous les yeux du parquet et de la police qui n'y mettaient aucun obstacle.

Les agents de change non-seulement toléraient les coulissiers, mais pactisaient, traitaient avec eux ; leur prêtaient au besoin leur ministère, et souvent même les employaient comme agents auxiliaires, malgré la défense formelle portée dans leur propre règlement de novembre 1832 [1].

Enfin, à la guerre entre

[1] Règlement particulier, titre III art. 1er, § 2.

le parquet et la coulisse
vient de succéder une al-
liance [1].

Ce simple exposé suffit pour prouver la vérité de notre assertion que la Bourse de Paris,
telle qu'elle est organisée maintenant, offre le
déplorable et scandaleux spectacle d'une violation flagrante, avouée, journalière de nos codes
et de nos lois, tolérée, approuvée même et ré-
glementée par l'autorité.

§ I. — Si nous présentons ces rapproche-
ments, c'est uniquement pour constater cette
discordance, cette antinomie choquante entre
le droit et le fait, entre les lois et les règlements
administratifs; chose que nous regardons, en
quelque matière que ce soit, comme une perturbation grave de l'ordre social, même comme un
danger sous le rapport moral et politique. Nous
ne prétendons nullement en conclure que l'on
doive ramener nos règlements administratifs à
la stricte observance des lois de l'an X et de

[1] Pour les détails sur la coulisse et sur sa transformation
récente, voyez plus loin, IVe partie.

1807. Nous savons trop quels changements
tant d'événements qui se sont passés durant ce
demi-siècle ont apportés dans nos relations,
dans nos besoins et dans nos mœurs. Donner
satisfaction et protection légale aux intérêts et
aux spéculations légitimes, tout en condamnant
et en réprimant, autant que possible, les abus
et les fraudes : voilà ce que peut et doit désirer
une administration prudente autant qu'éclairée,
voilà le problème à résoudre.

§ II. — Pour en bien apprécier les éléments,
pour démêler la vérité entre les déclamations
contradictoires des détracteurs passionnés et
des prôneurs intéressés des jeux de la Bourse,
il faut d'abord rechercher comment l'institution
a ainsi changé de nature ; ensuite reconnaître
le caractère des opérations que les combinaisons nouvelles ont fait naître.

Avant 1790, la dette publique, qui s'élevait à
162 millions et demi[1], ne se composait que de
rentes constituées sur l'Hôtel de ville ; de l'em-

---

[1] Dette publique,   61 millions   }
   Id.   viagère,   101,500,000   }   162,500,000
Discours et compte rendu de Necker, 1789.

2.

prunt de 125 millions édicté en décembre 1784 ;
d'assignations du domaine ; d'effets royaux sur
les pays d'états, sur le clergé; du prix des
charges et des offices; d'actions de l'ancienne
Compagnie des Indes ; d'annuités diverses et
autres valeurs [1]. Tous ces titres étaient classés
et ne sortaient guère des mains des rentiers, qui
avaient ainsi placé leurs fonds pour s'assurer un
revenu fixe et régulier. Ces effets n'étaient donc
point en circulation ; il ne s'en présentait point
sur la place pour y être vendus; il n'y avait
ni agiotage ni même spéculation : la matière
manquait.

La révolution crée des besoins de tout genre :
il faut rembourser les offices et finances sup-
primés; payer les dettes du clergé et des émi-
grés dont on a confisqué les biens ; combler
les déficits; pourvoir aux dépenses énormes
qu'exige la défense du territoire, etc., etc. ; on
bat monnaie avec la presse, même avec l'écha-
faud ; on crée des assignats par milliards; par-

---

[1] Loi du 24 août 1793, pour la création d'un grand-livre, et rapport de Cambon sur cette loi.

tout l'argent disparaît et se cache. La France
est inondée de papier-monnaie dont la dépré-
ciation est si rapide que, dès le mois de septembre 1795, on donnait 1,200 francs en assignats
pour 24 fr. en argent; et qu'en mars 1796, un
louis d'or était vendu 7,200 fr. en assignats. Ces
échanges deviennent l'objet d'un ignoble et im-
pudent agiotage; plusieurs lois sont rendues,
mais en vain, pour le réprimer[1]; il ne cesse
qu'à la suite de la double banqueroute générale
qui, remplaçant les assignats par des mandats
à 30 capitaux pour un[2], puis réduisant les mandats à une valeur minime, et leur ôtant le caractère de monnaie à cours forcé[3], anéantit les
éléments de l'agiotage en même temps que la
fortune des porteurs de ces effets.

On donne enfin à la dette de l'État une forme
régulière : elle est réduite à un tiers; mais ce
tiers est *consolidé*, inscrit sur un grand-livre

---

[1] Loi du 13 fructidor, an III. — 28 vendémiaire, an IV.—
Arrêté du 2 ventôse, an IV.

[2] Loi du 28 ventôse, an IV.

[3] Loi des 14 frimaire et 16 pluviôse, an V.

de la dette publique, et les créanciers reçoivent des certificats d'inscription[1].

La plupart des rentiers conservent naturellement ces inscriptions qui sont les débris de leur fortune et composent leur revenu. Les ventes sont rares; elles sont toutes réelles et faites au comptant. Pendant toute la durée de l'Empire, il se fait, sans doute, des spéculations sur ces titres; mais elles sont toutes sérieuses et, jusqu'en 1814, on ne voit ni jeu ni agiotage sur la rente.

La dette publique en inscriptions d'une seule nature, tiers consolidé ou 5 p. %, s'élevait alors à 63,300,000 fr. d'arrérages à payer chaque année.

Quant aux autres valeurs, l'industrie et la spéculation, timides encore et inexpérimentées à cette époque de guerres perpétuelles, n'avaient pas même l'idée des combinaisons savantes et hardies qui leur ont donné plus tard un développement immense. On ne connaissait guère alors d'autre assurance que l'assurance mari-

[1] Lois des 9 vendémiaire, 24 frimaire et 8 nivôse an IV.

time ; d'autre commandite que celle de quelques
réunions d'individus pour des entreprises de
commerce ou d'industrie, et l'association des
capitaux fractionnés en milliers d'actions n'était
pas encore inventée.

Dans cet état de choses, on conçoit que les
dispositions du code de commerce et du code
pénal aient paru fort justes, très-conséquentes
et suffisantes, d'une part, pour satisfaire aux besoins de la circulation des valeurs diverses ; de
l'autre, pour prévenir et réprimer les abus.

§ III. — Survinrent les revers de 1814 et de
1815, et les désastres des deux invasions. Forcé
de recourir à des ressources extraordinaires
pour payer notre rançon à l'étranger, pour
acquitter un immense arriéré et pour faire face
aux exigences du présent, on prit le parti d'imi-
ter l'Angleterre, de recourir aux emprunts : on
essaya de fonder le crédit de la France ; on y
réussit en offrant, il le fallait bien, des chances
de bénéfices énormes aux souscripteurs, auxquels on livra les quatre emprunts de 1817 et
1818 en 5 p. %, au taux de 57 fr. 26 c. à 67 fr.

Une fois entré dans cette voie, on a trouvé

l'expédient commode et, dévorant l'avenir, on a
usé largement, en toute occasion, nous pour-
rions même dire que l'on a abusé de cette ressource extrême. La dette consolidée qui, en
1814, ne se montait qu'à 63 millions de rente an-
nuelle, s'élevait en juillet 1830 à 164,500,000 fr.;
au 24 février 1848, à 176,800,000, et se monte
aujourd'hui, malgré la réduction du 5 p. °/₀,
opérée en 1852, à 367 millions de rentes
annuelles, sans compter les 43 millions de
rentes de la caisse d'amortissement[1]. La création de rentes nouvelles, à des taux différents,
a ouvert un nouveau champ aux spéculations.
Les étrangers ont pris intérêt dans nos fonds
publics; les fonds étrangers ont été admis et
cotés à la Bourse de Paris. La création des
petits grands-livres et les emprunts offerts au
public par quotités minimes ont répandu dans
les provinces l'esprit de spéculation sur les
effets publics.

---

[1] Voir le budget pour 1863, exposé des motifs, pages 45,
et 341, — et le rapport du ministre des finances du
20 janvier 1862.

Les émissions successives d'une aussi grande quantité de titres ne pouvaient s'effectuer qu'avec le concours de riches banquiers ou capitalistes spéculateurs, qui employaient ensuite toutes les ressources de leur art pour écouler ces titres avec bénéfice. Imitant leur exemple, les capitalistes de second ordre prirent part à ces spéculations; puis les capitalistes les plus modestes voulurent, à leur tour, tenter la fortune. Afin de pouvoir opérer sur des quotités assez fortes pour produire des bénéfices de quelque importance, on spécula de manière à ne risquer que des différences, et même à découvert; on mit en usage les marchés à terme, les reports, les diverses espèces de primes, toutes les combinaisons du pari déguisé ; le jeu fut organisé et, cette passion une fois éveillée, un nombre infini de personnes s'y livra avec d'autant plus d'ardeur que le masque de l'agent de change assurait au joueurs l'incognito.

§ IV. — Toutefois, il faut le reconnaître, ce n'est pas uniquement pour favoriser le jeu que l'on a été entraîné à déroger aux dispositions sévères du code et des lois.

Heureusement, tandis que la dette publique s'accroissait, la prospérité publique augmentait rapidement. A la faveur d'une longue paix, et grâce aux progrès de l'agriculture, des sciences et des arts, l'industrie et le commerce prenaient un essor prodigieux; l'emploi de la vapeur, la rapidité des communications par les chemins de fer et les steamers, par la télégraphie, modifiaient profondément toutes les relations intérieures et internationales; l'association, cette puissance si utile et si féconde quand elle est dirigée avec talent et probité, créait chaque jour des combinaisons nouvelles. L'entière liberté des transactions, la circulation, la réalisation prompte et facile des titres divers, le mouvement actif et continu des capitaux, devinrent une nécessité.

Alors, il eût été sage de pourvoir aux exigences légitimes de cette société nouvelle, et de modifier nos anciennes lois en conséquence. Mais nos législateurs, constamment et exclusivement absorbés par les intrigues politiques, n'en prenaient aucun souci. La force des choses a prévalu, comme toujours; l'usage a fait tomber les lois en désuétude, et l'administration elle-même a été entraînée à tolérer, même à organiser l'abus. Un ministre autorisa la négociation publique et la cote officielle à la Bourse des valeurs industrielles que la compagnie jugerait admissibles[1], et bientôt on y vit pleuvoir des actions d'une multitude de sociétés industrielles de toute espèce, en commandite par actions, les unes réelles, les autres fictives; les unes ayant de l'avenir; les autres n'étant qu'un appât pour la pêche aux actionnaires; les unes libérées, les autres payées seulement en partie; toutes comptant, pour réaliser des bénéfices par l'agiotage des actions, sur la confiance que pourrait inspirer leur admission à la Bourse et sur la chaleur de la grande enchère du parquet[2].

Ainsi surexcité et alimenté chaque jour par

---

[1] M. Laplagne, décision du 17 octobre 1837.

[2] Le nombre de ces sociétés admises à la Bourse dépassait déjà 120 en 1843, et la plupart n'ont eu qu'une existence éphémère terminée par la perte des capitaux des crédules actionnaires, et quelquefois par de scandaleux débats.

des éléments nouveaux, l'agiotage n'a plus
connu de bornes, et est parvenu à l'excès et au
désordre qui blessent aujourd'hui la morale publique et paraissent éveiller enfin la sollicitude
de l'autorité.

DEUXIÈME PARTIE

OPÉRATIONS DE BOURSE

Passons maintenant en revue les diverses opérations de Bourse, pour en reconnaître la nature et le véritable caractère.

SECTION I. — Opérations au comptant.

Rien de plus simple que les opérations de cette nature.

Un individu veut utiliser ses capitaux ou ses économies pour en tirer un revenu fixe, régulier, assuré ; à cet effet, il achète des effets publics qu'il paye comptant et qu'il se propose de conserver. La rente achetée dans ce but est ce qu'on appelle la rente *classée*.

Si plus tard ce même individu a besoin de

ses capitaux pour en faire un autre emploi, il vend ces effets contre de l'argent comptant.

Les achats et ventes de cette nature ne sont pas des opérations proprement dites : la première est un placement; la seconde une réalisation de fonds.

Il est aussi des personnes qui spéculent en achetant des effets publics au comptant quand le cours en est bas, pour les revendre, également au comptant, quand le cours en est élevé. Dans l'intervalle, ils perçoivent toujours l'intérêt de leurs capitaux en touchant les semestres ou les dividendes.

SECTION II. — Opérations à terme.

Voici des spéculateurs moins timides. Pendant le cours d'un mois, suivant qu'ils croient que les effets publics doivent bientôt hausser ou baisser, ils achètent ou ils vendent une certaine quotité de ces effets, livrables à la fin du mois.

A... croit que la rente doit hausser, il achète,

le 8 avril, au cours du jour, à 70 fr., 6,000 fr.
de rente 3 p. °/₀ livrables à la fin du mois; à
cette époque, il lui faudra en prendre livraison
et en payer le prix convenu, 140,000 fr. La fin
du mois arrivée, la rente a en effet haussé : le
30 avril elle est à 71 fr. 50 c. Il ne paye les
6,000 fr. de rente que 140,000 fr., et il peut les revendre aussitôt 143,000 f. Il gagne 3,000 f.—Si,
contrairement à ses prévisions, la rente a baissé,
et que le 30 avril elle soit tombée à 68 fr. 50 c.,
il n'en doit pas moins payer les 6,000 fr. de
rente au prix stipulé de 140,000 fr., et il ne
pourrait les revendre que 137,000 fr.; il perd
3,000 fr.

B... croit à une baisse prochaine des actions
de tel chemin de fer : il vend, le 17 juin, à
1,175 fr., 50 actions de ce chemin, livrables à la
fin du mois. A cette époque, il est obligé de
livrer ces 50 actions qu'il a vendues, et il doit
en recevoir le prix convenu, 58,750 fr. Ces actions ont en effet baissé, et sont tombées, à la
fin du mois, à 1,070 fr. Il reçoit 58,750 fr. pour
ces 50 actions, qu'il peut racheter pour 53,500 f.;
il gagne 5,250 fr. — Si, au contraire, les

actions ont haussé et sont cotées à la fin du mois à 1,280 fr., il ne reçoit que 58,750 fr. pour ce qu'il ne pourrait racheter qu'au prix de 64,000 fr.; il perd 5,250 fr.

C'est ainsi que ces opérations devraient se résoudre si elles étaient réelles et sincères.

Mais, le plus souvent, A... n'a nullement l'intention d'acheter ces 6,000 fr. de rente; B... ne veut point vendre, ou même ne possède pas les 50 actions qu'il vend; l'un et l'autre n'ont d'autre but que de jouer ou de parier sur la hausse ou la baisse de ces effets, et de gagner la différence entre le prix convenu et celui qui résultera du cours à la fin du mois. Ainsi, à la fin d'avril, A... ne prend point livraison des 6,000 f. de rente qu'il a achetés; il reçoit de son vendeur ou bien il lui paye la différence, et le marché est liquidé. A la fin de juin, B... ne livre point à son acheteur les 50 actions qu'il lui a vendues; il reçoit de lui, ou bien il lui paye la différence, et l'affaire est terminée. Dans ces deux cas, il n'y a eu aucun transfert ni achat de titres.

Si toutes les opérations étaient réelles, si

l'on était obligé de lever et de payer tous les effets que l'on achète, de livrer tous ceux que l'on vend, tout le numéraire existant dans la France entière serait loin d'y suffire, et quel que soit le nombre de nos effets publics de toute nature, on n'en trouverait pas assez pour réaliser une minime portion des marchés dont ils sont l'objet[1].

D'ailleurs, si tous les marchés étaient sérieux, et devaient se résoudre en payements effectifs, les spéculateurs, à très-peu d'exceptions près, ne pouvant engager ou réaliser des sommes très-considérables, souvent même plusieurs millions, seraient forcés de se borner à opérer sur des quantités restreintes, et ne pourraient faire que des gains peu importants, qui seraient loin de satisfaire leur avidité.

Aussi, a-t-on apporté successivement pour le

[1] L'importance en capital des opérations de Bourse n'est pas estimée à moins de 32 milliards par année, à en juger par le montant des courtages, qui a été en 1855 d'environ 80 millions ! Dans ce mouvement, les opérations réelles sont à peine dans la proportion de 1 à 20.

trafic de la Bourse diverses modifications au droit commun des marchés à terme.

§ I. — MARCHÉS A TERME FERME.

Pour ceux que l'on appelle marchés à terme *ferme,* ce qui signifie qu'ils sont également obligatoires pour les deux parties, et que leur liquidation doit avoir lieu à l'époque fixée, cette liquidation s'effectue le plus souvent, non pas par la livraison des effets contre le payement effectif du prix, mais, d'un commun accord, par le simple payement que fait le perdant de la différence entre le prix au cours du jour du marché et le prix au cours de la fin du mois. — Ainsi, dans les exemples cités plus haut, A..., si la rente était montée, fin d'avril, à 71 fr. 50 c., n'aurait point exigé et levé les titres des 6,000 f. de rente qu'il avait achetés ; il aurait seulement reçu le montant de la différence, 3,000 fr., de son agent de change, qui s'en serait entendu avec l'agent de change du vendeur, et le marché aurait été ainsi consommé et liquidé. — De même, B..., si les actions du chemin de fer étaient montées à 1,280 fr. fin juin, au lieu de livrer les 50 actions qu'il avait vendues, aurait payé le montant de la différence, 5,250 fr. à son agent de change, qui en aurait tenu compte à l'agent de change de l'acheteur.

§ II. — MARCHÉS FERMES AVEC FACULTÉ D'ESCOMPTE.

On a rédigé les marchés à terme de manière à donner à l'acheteur le droit d'exiger la livraison des effets à son gré, sans attendre l'échéance fixée : cela s'appelle *escompter* son vendeur[1]. Voici la formule de ces marchés :

Liquidation de	..... Rente..... p. %. à.... F..... *(ou tel autre effet)*

Paris, le. . . .   186...

Acheté (ou vendu) par le ministère de M. O... agent de change (*désignation de la nature et de la quotité*

---

[1] Il ne faut pas se méprendre sur la signification de ce mot d'*escompte*, employé ici dans un sens différent de celui qu'il a d'ordinaire dans le langage commercial ; il n'en résulte ici aucune déduction sur le prix à payer.

3.

de la rente ou de l'effet), jouissance courante, livrables fin (*courant ou prochain*) fixe , *ou plus tôt à volonté*, contre le payement de la somme de . . . .

    Fait double

        Signature du client: P.

De son côté, l'agent de change O..., signe et remet à son client P... un engagement ainsi conçu :

    Liquidation | .... Rente..... p. % à..... F....
    de . . . . | (*ou tel autre effet*)

        Paris, le. . . .   186...

Acheté (ou vendu) d'ordre et pour compte de M. P... jouissance courante, livrables fin. . . . fixe *ou plus tôt à volonté*, contre le payement de la somme de. . .

    Fait double

     Signature de l'agent de change: O.

Enfin, l'agent de change O... et le collègue avec lequel il traite, signent et échangent entre eux des engagements analogues[1].

---

[1] Pour tous les modèles d'actes, de marchés et d'engagements de Bourse, on peut consulter les ouvrages indiqués page 16, et notamment celui de M. Jeannotte-Bozérian, tit. 1er, pages 87 et suivantes , et le mémoire de la chambre syndicale, pages 119 et suivantes.

Cette stipulation « *ou plus tôt à volonté* » est
tout à l'avantage de l'acheteur, en ce qu'elle lui
permet de saisir à son gré l'occasion favorable
pour réaliser son bénéfice pendant toute la durée du marché, sans courir le risque d'une
baisse qui pourrait ensuite survenir avant l'é-
chéance ; tandis que le vendeur reste exposé à
toutes les éventualités jusqu'au jour de la liquidation. — Ainsi, dans les deux exemples déjà
cités, A..., si la rente était montée, dès le 20
avril, à 71 fr., pouvait exiger, dès ce jour-là, la
livraison des 6,000 fr. de rente, qui valaient à
ce cours 142,000 fr., et obliger ainsi son vendeur à les acheter au cours du jour, en perdant
la différence, ou bien à lui payer cette différence ; A... réalisait ainsi son bénéfice, 2,000 f.;
son marché était liquidé et, si une baisse
survenait du 20 au 30 avril, elle ne l'atteignait
plus. — B..., si les actions du chemin de fer
étaient montées, dès le 22 juin, à 1,220 fr., aurait pu être forcé de livrer immédiatement les
50 actions par lui vendues au prix de 1,175 fr.,
ou de payer la différence qu'il perdait, 2,250 fr.
et, si du 22 au 30, ces actions retombaient à

1,150 fr., cette baisse qui lui aurait fait gagner 1,250 fr., ne pouvait plus lui profiter.

Nous verrons plus tard que lorsqu'à la Bourse les titres sont rares, les grands et riches spéculateurs peuvent employer ce moyen pour produire une hausse factice, en escomptant à l'improviste leurs vendeurs à découvert, et les forçant ainsi à acheter immédiatement les titres qu'ils se sont engagés à livrer.

SECTION III. — Opérations à terme et à prime.

Pour faire des bénéfices de quelque importance, il faut opérer sur des quotités considérables, et peu de personnes ont assez de capitaux ou de crédit pour pouvoir *lever*, au besoin, des effets par centaines de mille francs, sinon par millions, ou pour payer des différences énormes. L'art de la spéculation faisant des progrès, on a rendu les grandes opérations plus faciles et moins dangereuses, en adoptant le système des marchés à prime[1].

[1] L'invention des marchés à prime appartient au fameux Law.

Le marché à terme et à *prime*, qualifié marché *libre* (par opposition au marché *ferme*, qui lie irrévocablement les deux parties), lie irrévocablement le vendeur, tandis que pour l'acheteur, ce marché n'est que conditionnel, facultatif, car il lui permet de limiter d'avance la perte qu'il pourra subir et d'annuler le marché en consentant à subir cette perte.

En signant le marché vis-à-vis de son agent de change, le client acheteur à prime paye, à titre d'arrhes, une prime déterminée. Dès lors, et jusqu'à une heure et demie du jour de l'échéance, il est le maître d'annuler le marché en faisant, au profit du vendeur, l'abandon de la prime déposée. S'il lui convient de maintenir et d'exécuter le marché, la liquidation a lieu, comme pour les marchés fermes, et il est fait imputation de la prime déposée, à compte du prix à payer. — Cette prime est fixée, pour la rente sur l'État, à 50 c., 1 ou 2 fr. par chaque quotité de 3 fr. de rente pour le 3 p. %, et par chaque quotité de 4 fr. 50 c. de rente pour le 4 1/2 p. %, considérées comme unité conventionnelle, selon le fonds sur lequel on opère.

Par exemple : dans 3,000 fr. de rente 3 p. %, il y a mille fois 3 francs ; donc, si la prime est cotée à 1 fr., elle s'élèvera à 1,000 fr. ; elle ne montera qu'à 500 fr. si la prime est cotée à 50 c. Dans 9,000 fr. de rente 4 1/2 p. % il y a deux mille fois 4 fr. 50 c. de rente ; la prime sera donc de 2,000 fr. si elle est cotée à 1 fr., et seulement de 1,000 fr. si elle est cotée à 50 c.

Pour les autres effets, la prime est fixée à 10 fr. ou à 20 fr. par action ; elle est cotée comme le cours [1].

Exemple d'un marché libre : ce marché est ainsi conçu :

« Liquidation de . . . 186 . . . — Marché libre.
« Fr. 30,000 de rente 3 % à 70   »   700,000   »
« dont 50 c. prime à déduire   5,000   »
                                         _____
                    « Net   695,000   »

« Le . ., ou plus tôt à volonté, en me prévenant « vingt-quatre heures d'avance, je livrerai à M**, agent « de change, d'ordre et pour compte de M**, 30,000 fr.

---

[1] On verra plus loin que par un nouveau règlement de la compagnie, le minimum des primes a été abaissé, et qu'il a même été permis de traiter sur les rentes d'un jour à l'autre avec des primes de 25 et de 10 centimes, — IVᵉ partie.

« de rente 3 % contre le payement de la somme de
« 695,000 fr.

« Le porteur est tenu de m'avertir au plus tard le...
« (*jour de l'échéance*), s'il compte lever lesdites rentes;
« passé cette époque, le présent engagement sera nul
« et sans effet, et la prime acquise au vendeur.

« Paris, ...   186.. [1] »

Signature de l'agent de change du vendeur.

Exécution du marché. — C..., comptant sur
une hausse prochaine, a acheté le 9 juillet,
30,000 fr. de rente 3 p. %, livrables fin courant,
au cours de 70 fr., dont 50 c. par 3 fr. de rente.
En signant le marché, il paye à compte cette
prime, 5,000 fr. — La hausse survient en effet :
à la fin du mois, la rente est à 70 fr. 75 c., de
sorte que les 30,000 fr. de rente achetés, le 9,
au prix de 700,000 fr., valent alors 707,500 fr. :
C... déclare *lever sa prime,* c'est-à-dire exiger
l'exécution du marché : il faut lui livrer les
30,000 fr. de rente contre le payement de
695,000 fr., ou bien lui payer la différence,
7,500 fr., qu'il gagne, et lui restituer sa prime.

[1] Pour tous les modèles d'engagements du même genre,
voir les ouvrages indiqués dans la note, page 46.

Si la hausse est arrivée pendant le courant du mois, et que C... veuille réaliser dès lors son bénéfice ou craigne une baisse prochaine, il peut liquider d'avance son marché, en escomptant son vendeur comme dans le marché *ferme*. — La rente, au contraire, a-t-elle baissé? à la fin de juillet, elle est à 69 fr. 20 c.; l'acheteur perdrait à ce cours 8,000 fr. en exécutant son marché : il abandonne sa prime et annule ainsi ce marché, en ne perdant que les 5,000 fr., montant de cette prime. — Si pourtant la baisse ne lui occasionnait qu'une perte inférieure au montant de sa prime, il aurait encore intérêt à la lever en exécutant le marché; par exemple, si le cours de la fin du mois était à 69 fr. 65 c., il ne perdrait que 3,500 fr. en levant sa prime, tandis qu'il en perdrait 5,000 en l'abandonnant.

Les raisonnements et les calculs seraient les mêmes pour toutes valeurs autres que les rentes.

Dans les marchés à terme ferme, la perte et le bénéfice ne sont limités ni pour l'acheteur ni pour le vendeur; dans les marchés à terme et à

prime, la perte n'est pas limitée pour le vendeur et le bénéfice l'est : pour l'acheteur, au
contraire, la perte est limitée et le bénéfice ne
l'est pas; en cas de baisse, il n'est jamais exposé
à perdre plus que sa prime; il peut gagner indéfiniment selon le degré de la hausse. L'acheteur jouissant d'un pareil avantage doit l'acheter par quelque sacrifice; il paye les effets à un
prix plus élevé. Le cours des divers effets à
prime est toujours plus haut que celui des marchés à terme ferme, et ce dernier plus élevé
que celui du comptant[1]. Il y a pour cela plusieurs motifs. D'abord, l'effet augmente de valeur à mesure que l'époque du payement des
arrérages, intérêts ou dividendes, est plus rap-
prochée; ensuite, l'acheteur à terme continue à
jouir, jusqu'à la liquidation, du produit de ses
fonds, et il a seul l'avantage de pouvoir réaliser

---

[1] Il est très-rare que le cours du comptant soit plus élevé
que le cours à terme; cela ne peut avoir lieu que passagèrement, dans des circonstances extraordinaires, ou bien
lorsqu'au moment d'une liquidation les vendeurs à découvert, dépourvus de titres, sont sommés d'en livrer et
forcés d'en acheter à tout prix.

à volonté son bénéfice par la faculté de l'escompte ; enfin, l'acheteur à prime jouit en outre du privilége de limiter sa perte sans limiter son gain.

Les achats et ventes au comptant ne composent que la très-minime partie des opérations journalières de la Bourse ; l'immense majorité des affaires se fait en marchés à terme, soit fermes soit à prime, qui sont l'aliment principal de la spéculation actuelle.

Afin d'écarter les joueurs de bas étage et, en même temps, pour rendre faciles les liquidations qu'il faut faire par compensation sur le nombre immense des spéculations [1], il a été décidé, par les règlements de la Bourse, que l'on ne pourrait conclure aucun marché à terme que sur les quotités suivantes et leurs multiples :

1,500 fr. de rente 3 p. %[2].

2,250 fr. de rente 4 1/2 p. %.

---

[1] Voyez le détail du système de liquidation plus loin, page 82.

[2] C'est sur ce fonds que porte la presque totalité des spéculations et du jeu sur la rente de France.

25 actions ou obligations de la Banque de
France, de la ville de Paris, des chemins de fer, et des diverses compagnies
industrielles.

Un minimum a été également fixé pour les
fonds étrangers qui sont cotés à la Bourse.

Dans le système actuel, tant de ressources et
de facilités sont offertes aux spéculateurs et
même aux joueurs[1], qu'un grand nombre de
personnes achètent à terme des effets sans avoir
assez de fonds ou de crédit pour les lever, ou
vendent des effets qu'ils ne possèdent pas ; c'est
ce que l'on appelle opérer *à découvert*. Tous
n'ont d'autre but que de gagner des différences
ou des primes, et ils se lancent dans les spéculations, munis seulement de quelques fonds
pour payer les différences en cas de perte.
Comme l'acheteur ne connaît pas son vendeur,
et que dans les marchés à terme on ne dépose
ni les titres ni leur prix, l'agent de change, intermédiaire indispensable entre ces spécula-

---

[1] Voyez plus bas, aux titres des reports et de la Banque
de France.

teurs plus hardis que prudents, est nécessairement garant et responsable de l'exécution des
marchés conclus par son ministère, puisque ses
clients ne traitent qu'avec lui, ne connaissent
que lui. Il est donc obligé d'exiger d'eux,
comme garantie, ce que l'on appelle une *couverture*, c'est-à-dire le dépôt d'une somme suffisante pour le mettre en état d'accomplir lui-
même les conditions du marché, dans le cas où
les contractants manqueraient à leurs engagements. Cette somme est fixée par l'agent de
change en proportion de sa confiance dans les
clients, et surtout de la nature et de l'importance des opérations, de manière à couvrir la
différence qui pourrait résulter de la variation
de cours la plus forte probable; cette couverture est déposée entre les mains de l'agent de
change, qui n'en donne point de reçu. A l'é-
chéance du marché, si le perdant ne paye pas
la différence, l'agent de change prélève sur la
couverture ce qu'il faut pour payer cette différence. Si l'une des deux parties exige la levée
et la livraison effective du titre et que l'autre
refuse ou néglige d'y satisfaire, l'agent de

change y supplée par le même moyen. Est-ce
le vendeur qui ne livre pas le titre? l'agent de
change l'achète au cours du jour pour le compte
de ce vendeur, le livre à l'acheteur, de qui il en
reçoit le prix au cours stipulé dans le marché,
et prélève la différence sur le fonds de couverture du vendeur. Est-ce l'acheteur qui ne prend
pas livraison? l'agent de change, agissant pour
le compte de cet acheteur, lève le titre, le paye
au vendeur au prix stipulé dans le marché, le
revend immédiatement au comptant, au cours
du jour, et se rembourse ainsi, en prenant sur le
fonds de couverture de l'acheteur de quoi payer
la différence. L'attribution de ces droits aux
agents de change est réglementaire à la Bourse :
c'est ce que l'on appelle *exécuter* un client, et
une *exécution* à la Bourse est, pour le crédit et la
réputation du spéculateur exécuté, l'équivalent
d'une faillite dans le commerce.

De ces usages il résulte que la somme déposée comme couverture est très-modique, en
comparaison de la masse de spéculations dont
elle est la garantie, et qu'il suffit d'avoir quelque milliers de francs disponibles pour tenter

la fortune sur des quotités très-considérables d'effets publics. Un pour cent de hausse ou de baisse sur 1,500 fr. de rente 3 p. % ne produit qu'une différence de 500 fr.; 10 fr. de variation sur 25 actions de 1,200 fr. ne produisent que 250 fr. de perte ou de gain.

On a vu, par ce qui précède, que l'acheteur sans capitaux, le vendeur à découvert peuvent toujours, au moment de la liquidation ou de l'escompte, se tirer d'affaire moyennant le sacrifice d'une différence plus ou moins forte, suivant les variations du cours et la rareté ou l'abondance de l'argent ou des titres sur la place.

Mais il est possible que l'un ou l'autre, se voyant en perte au moment de l'exécution du marché, ou pour toute autre cause, veuille prolonger sa spéculation, dans l'espoir d'un retour de fortune.

Si c'est le vendeur à découvert et si son acheteur le force à livrer les titres, il peut les acheter, comme nous venons de le dire, en les payant avec l'argent de l'acheteur, auquel il ajoute la différence, et il est en mesure de les livrer; puis, au même instant, par une seconde

opération, il vend la même quotité d'effets livrables fin du mois, ou du mois suivant, et il se
retrouve dans la même position qu'avant la liquidation, sauf le montant de la différence qu'il
a perdu et payé.

Si c'est l'acheteur qui, soit par manque de
fonds, soit dans l'attente d'une hausse prochaine, désire prolonger sa spéculation, lorsqu'on exige qu'il lève les titres, il a la ressource
de se faire *reporter*.

SECTION IV. — Reports.

On appelle *report* la différence qui existe entre
le cours d'un effet au comptant et le cours de
cet effet livrable à terme, c'est-à-dire le cours
auquel on présume qu'il sera arrivé à une époque déterminée, telle que la fin du mois courant
ou la fin du mois prochain. Le taux du report est
coté à la Bourse, comme celui des effets et de
manière à en donner une explication suffisante.

Report du comptant à la liquidation. — C'est la
différence entre le cours de l'effet vendu aujourd'hui au comptant et le cours de ce même

effet vendu aujourd'hui, mais livrable seulement à l'époque de la liquidation prochaine.

Report d'un mois à l'autre. — C'est la différence entre le cours de l'effet au jour de la liquidation et le cours de ce même effet livrable seulement à l'époque de la liquidation suivante[1].

Cette différence est plus ou moins forte en raison : 1° de la valeur qu'ajoutent au titre les intérêts courants, à mesure qu'approche l'époque du payement du semestre ou du dividende; 2° de l'abondance ou de la rareté de l'argent sur la place.

Se faire reporter est une opération par laquelle un acheteur D..., qui ne peut ou ne veut pas lever les effets achetés par lui à E... substitue à sa place un prêteur F... qui lève ces effets, en paye le prix au vendeur E... et les garde comme gage, en les revendant lui-même, à l'instant à D..., par marché ferme, livrables à une époque convenue, contre le remboursement de la somme prêtée, augmentée du montant du report.

[1] On verra plus loin page 82 quelles sont les époques des liquidations.

Des exemples sont nécessaires pour faire bien comprendre cette opération assez compliquée.

D... a acheté à E..., le 10 mars, 3,000 fr. de rente 3 p. %, à 70 fr., livrables à la fin du mois. Le 3 p. %, s'est maintenu en baisse, et pendant les vingt derniers jours de mars, D... n'a pu revendre avec bénefice, ni même sans perte. A la fin du mois, le 3 p. %, est à 69 fr. 20 c., et le report à 0 fr. 40 c. Soit par manque de fonds, soit dans l'espoir d'une hausse prochaine, D... veut continuer sa spéculation. — Si le vendeur E... se contente de recevoir la différence, 800 f., D... peut la lui payer et racheter immédiatement pareille somme de rentes, livrables fin avril, au cours coté, qui est de 69 fr. 60 c. — Mais, si le vendeur veut livrer la rente et exige le payement du prix convenu, 70,000 fr., alors D..., n'ayant pas de capitaux disponibles, se fait *reporter*. Il paye la différence. .　　800 fr.　》

à son agent de change, qui lui procure un prêteur pour le prix des 3,000 fr. de rente à 69 fr. 20 c. = ... 69,200 fr.　》

avec cette somme de . . . . . 70,000 fr.　》

l'agent de change paye le vendeur E... et lève l'inscription; il remet cette inscription au prêteur F..., qui la garde comme gage des 69,200 par lui prêtés, mais en la revendant immédiatement à D..., à terme ferme, livrable fin avril, à 69 fr. 60 c., cours coté pour cette époque. A la fin d'avril, D... lui payera 69,600 fr , en prenant livraison des 3,000 fr. de rente.

Résultats.—Le prêteur F... reçoit, pour l'intérêt des 69,200 fr., qu'il a prêtés, 400 fr.; c'est sur le pied de près de 7 p. °/₀ par an. — D... a perdu la différence qu'il a dû payer à la fin de mars, plus le montant des courtages; mais il a continué son opération sans posséder de titres, sans engager de capitaux. Si, dans le courant d'avril, le 3 p. °/₀ a monté à 71 fr., il a pu revendre à terme ferme, fin d'avril, les 3,000 fr. de rente pour 71,000 fr., et, comme il n'a payé que 70,400 fr., savoir : les 800 fr. de la différence, fin mars, et 69,600 fr. pour le rachat de l'inscription, fin avril, il gagne 600 francs. Si, pendant tout le mois d'avril, le 3 p. °/₀ s'est maintenu en baisse, ou seulement au-dessous de 70 fr. 40 c., il pourra, par un nouveau report, prolonger encore son opération ; mais il se trouvera, à la fin d'avril, avoir acheté ces 3,000 fr. de rente au taux de 70 fr. 40 c., et avoir de plus une nouvelle différence à payer.

Dans des circonstances pareilles, l'opération s'exécute de la même manière sur les autres valeurs. — Comptant sur une hausse, G... a acheté de H..., le 16 juillet, 50 actions d'un chemin de fer, au cours de 1,445 fr., livrables à la liquidation du 31, prix. . . . 72,250 fr. »
Le 31 juillet, ces actions sont tombées à 1,415 fr., et le report est à 10 fr. par action. — Obligé de lever les 50 actions, G.. paye la différence. . . . . 1,500 fr. »
son agent de change emprunte pour lui à J..., capitaliste reporteur, de quoi lever les 50 actions à 1,415 fr., soit. . . . . . 70,750 fr. »
avec cette somme de . . . . . 72,250 fr. »
l'agent de change paye le vendeur H..., et lève les 50 actions : il les remet au prêteur J..., qui les garde, comme garantie des 70,750 fr. qu'il a prêtés ; mais en revendant immédiatement ces

mêmes 50 actions à G..., à terme ferme, livrables
fin août à 1,425, cours coté pour cette époque,
soit 71,250 fr. — Le prêteur J... gagne donc
500 fr. pour l'intérêt pendant un mois des
70,750 fr. prêtés ; c'est sur le pied de 8 fr. 48 c.
p. % par an. — Le reporté G... a perdu la différence par lui payée à la fin de juillet, plus le
montant des courtages ; mais il a continué son
opération sans posséder de titres et sans engager de capitaux. Dans le courant d'août, si les
actions remontent au-dessus de 1,455 fr., il
pourra revendre ferme fin août avec bénéfice ;
si elles restent au-dessous de ce cours, il pourra,
à la fin d'août, prolonger encore son opération
par le même moyen, mais il aura alors une nouvelle différence à payer en perte.

Il faut remarquer que nous ne présentons ici
que des calculs et des chiffres très-modérés ;
souvent, quand le report est élevé, surtout
pour les valeurs industrielles, l'intérêt perçu
par le reporteur-prêteur s'élève jusqu'à 10 p. %
et même plus haut [1].

---

[1] Voir les divers traités sur la Bourse et, notamment,

· On voit combien le report offre d'avantages aux capitalistes ; prêteurs sur gages, ils tirent de leur argent un intérêt considérable, parfois même énorme, en s'affranchissant de toutes les formalités, de tous les frais, de toutes les gênes, de toutes les limites que les lois imposent pour les prêts ordinaires. Souvent, ils font mieux encore : sur les titres dont ils sont détenteurs, à titre de gage, ils font, pendant la durée du mois ou de la quinzaine, des spéculations qui, en cas de baisse, leur procurent un bénéfice de plus. Par exemple, dans le report cité plus haut (page 62), F..., *reporteur*, a revendu et doit livrer fin d'août au *reporté* D... les 3,000 fr., 3 p. °/₀, contre le payement du prix fixé à 69,600 fr.

Si le 3 °/₀ hausse, F... garde son gage prêt à livrer.

Mais si dans le courant d'août le 3 p. °/₀ baisse, par exemple à 69 fr. 10, F... rachète à ce cours, livrables fin d'août, les 3,000 fr. qu'il doit re-

celui de M. Louis Deplanque ; l'*Almanach de la Bourse pour* 1856, etc.

4.

mettre à D... à cette époque, il ne
les paye que. . . . .   69,100 fr.
Sans avoir couru aucun risque, il
gagne de plus sur son report. . . .   500 fr.

Aussi, un grand nombre de capitalistes em-
ploient-ils leurs fonds en reports de Bourse, de
préférence à tout autre placement, et souvent
les agents de change se font eux-mêmes prêteurs, en fournissant sur leurs propres fonds les
sommes dont leurs clients ont besoin pour se
faire *reporter*. — De là la naissance de ces compagnies qui s'annoncent publiquement comme
maisons de commission pour effectuer des reports et autres opérations de Bourse, et que l'on
a si justement qualifiées de monts-de-piété pour
les joueurs [1].

Il serait inutile et beaucoup trop long d'entrer
ici dans plus de détails sur toutes les espèces de

---

[1] Une de ces compagnies, qui acceptait des mises en titres
ou en argent au minimum de 500 fr. et des versements en
compte courant au minimum de 100 fr., annonçait dans un
compte rendu en 1857, que les bénéfices avaient été de
3 fr. 15 c. pour cent par mois. (Voir les journaux du mois
de juin 1857.)

reports : les reports que l'on appelle directs ou indirects, selon qu'ils sont opérés par un seul ou par plusieurs agents ; les reports sur prime, qui consistent à acheter à terme ferme en revendant en même temps à terme et à prime ; et d'autres combinaisons du même genre que font naître les divers incidents du jeu.

Les exemples que nous venons de citer et de développer suffisent pour prouver que le report est un des grands ressorts du jeu de Bourse. Pour mieux s'en convaincre encore, il suffit de remarquer qu'ainsi que le marché à terme dont il est l'auxiliaire, il n'est point admis et praticable pour des quotités quelconques de rentes ou d'effets, mais seulement pour certaines quotités qui ont été arbitrairement fixées aux mêmes chiffres que pour les opérations à terme, à un minimum de 1,500 fr. de rente, 3 p. %, de 2,250 fr. de rente 4 1/2 p. %, de 25 actions ou obligations de diverses compagnies, etc [1].

---

[1] Arrêtés de la chambre syndicale. (Voir les divers traités des opérations de Bourse. Règlement particulier des 12, 16 et 19 novembre 1832, et plus haut, page 54.)

Enfin l'énorme quantité de fonds qui sont constamment employés en reports vient à l'appui de cette assertion, que l'immense majorité des opérations à terme sont fictives et de pur jeu.

C'est au moyen des reports que la plupart des opérations de jeu deviennent possibles et de quelque durée; que spéculateurs et joueurs peuvent opérer avec suite et persévérance sur des masses de valeurs dont ils sont loin de posséder le capital; c'est au moyen des reports qu'un pauvre joueur, n'ayant que quelques milliers de francs pour lui servir de couverture, pourra jouer longtemps sur des valeurs considérables sans posséder ni titres ni capitaux[1].

Ces opérations ainsi prolongées amènent nécessairement un de ces deux dénoûments. Le joueur que sauve un retour de fortune parvient

---

[1] Parmi les preuves nombreuses et journalières de cette vérité, on peut citer plusieurs procès qui ont dévoilé bien des mystères de Bourse, et notamment le procès de M. Leray, agent de change, contre Le Caron son client, sur lequel a été rendu l'arrêt de la cour de Paris du 11 mars 1851. Au moyen de reports successifs, Le Caron avait

à atteindre un cours assez favorable pour le
couvrir, outre le prix intégral du titre, de
toutes les différences qu'il a payées et lui laisser
encore quelque bénéfice. Le joueur malheureux, après avoir épuisé sa couverture et son
fonds de réserve à payer successivement des
différences, des reports et des courtages, se
voit forcé de se liquider définitivement avec la
perte entière de ce qu'il possédait, ou, tout au
moins, du capital qu'il avait engagé dans ces
opérations.

Toutefois, nous verrons plus tard qu'il est
certains cas où le report ne saurait être considéré comme une manœuvre d'agiotage, et offre
seulement une ressource utile à des personnes
qui ne sont nullement des joueurs [1].

joué, pendant deux ans, sur 125 actions d'un chemin de
fer : ces actions avaient donné lieu à un grand nombre de
marchés fictifs de vente et d'achat, sans une seule mutation
réelle et sans sortir des mains de l'agent de change, qui
faisait lui-même l'office de reporteur. Le Caron était ruiné
et insolvable. La cour débouta l'agent de change de ses réclamations.

[1] Voir IIIᵉ partie, projets de réforme.

SECTION V. — Arbitrages.

Nous ne dirons que peu de mots sur les arbitrages, opérations réelles, qui n'ont rien de fictif, et qui sont basées sur des calculs, non sur des éventualités.

Ces opérations sont à peu près de même nature que les arbitrages de change pratiqués par les banquiers ; elles consistent à vendre certains effets pour en acheter d'autres, suivant que, par une cause quelconque, les uns sont momentanément en crédit, tandis que les autres sont en défaveur ; puis à faire l'opération contraire lorsque l'équilibre est rétabli ou que la chance a tourné.

On peut faire ces arbitrages en opérant sur diverses valeurs à la Bourse de Paris seulement, ou bien à la fois sur plusieurs places, telles que Londres, Bruxelles, Vienne, Marseille, etc., où nos fonds publics, nos chemins de fer et autres valeurs sont cotées et sont l'objet de spéculations importantes.

Par exemple :

Je possède 9,000 de rente, 4 1/2 p. %; — le 4 1/2 p. % est à 96 fr, ce qui équivaut à 4.68,7 p. %.; — le 3 p. % n'est qu'à 68 fr., ce qui équivaut à 4.41 p. %. — Il me paraît évident que la proportion n'est pas juste, et que le 3 p. % doit bientôt monter pour la rétablir.

Je vends mes 9,000 fr. 4 1/2, au comptant, à 96. . . . . 192,000 fr.

J'achète 8,460 fr. de rente 3 p. % au comptant, à 68. . . . . 191,760 fr.

Excédant que je garde en réserve ... 240 fr.

Ainsi que je l'avais prévu, le 3 p. % monte à 70 fr.; le 4 1/2 % ne s'élève qu'à 96 fr. 30.

Je revends les 8,460 fr. de rente 3 % au comptant à 70 fr. . . . . . 197,400 fr.

Je rachète mes 9,000 fr. de rente 4 1/2 au comptant à 96 fr. 30. . . 192,600 fr.

Il en résulte un bénéfice de. . . 4,800 fr.
plus l'appoint gardé en réserve. . 240 fr.
et j'ai conservé mes 9,000 fr. de rente 4 1/2.

Si c'est au contraire une baisse que l'on prévoit sur l'une ou l'autre valeur, on opère en sens inverse.

Autre arbitrage négocié sur deux places :

Entretenant en Angleterre des relations journalières, j'apprends vers midi [1] que, ce matin même, à la Bourse de Londres, les actions du chemin de fer d'Orléans étaient offertes à 54 l. st. 12 sh. qui, au cours du jour, 25 fr. 25 c., représentent 1,378 fr. 65 c., et les actions du chemin du Nord recherchées à 45 l. st. 8 sh., représentant au même cours 1,146 fr. 35 c. — Hier, à la clôture de la Bourse de Paris, l'Orléans était coté à 1,410 fr., et le Nord à 1,100 fr.

Dès l'ouverture de la Bourse, j'achète du Nord, au comptant, à   1,100 fr. » et je l'expédie immédiatement à Londres pour y être vendu demain, dès l'ouverture, au comptant, à 45 l. st. 8 sh., soit en francs . . .   1,146 fr. 35

---

[1] La Bourse de Londres se tenant dès le matin, il est possible de recevoir à Paris, par le télégraphe électrique, vers midi, les cours de Londres du jour même. L'administration, d'ailleurs, les fait afficher à la Bourse aussitôt qu'elle les reçoit.

En même temps, je donne ordre à Londres de m'acheter de
l'Orléans, au comptant, à 54 l. st.
12 sh., soit en fr. . 1,378 fr. 65
et je le revends dès
aujourd'hui à Paris,
fin courant, ferme à 1,410 fr. »
devant le livrer au
moyen des actions
achetées au comp-
tant à Londres.

De ces deux opé-
rations résulte un
bénéfice sur chaque
action du Nord, de . . . . 46 fr. 35
et sur chaque action
d'Orléans, de. . . . 31 fr. 35

Ensemble. . . . . . 77 fr. 70
sauf déduction des frais de courtage, de commission, de change et de ports.

On fait des arbitrages par marchés à terme
aussi bien qu'au comptant.

SECTION VI. — Opérations sur dépôts à la Banque de France.

Une des grandes facilités données aux joueurs, plus encore qu'aux spéculateurs, est celle que leur offre la Banque de France par ses avances sur dépôt d'effets publics, et par les conditions auxquelles elle leur accorde ces avances.

La Banque de France est autorisée à faire des prêts ou avances sur tous les effets publics français, sur les actions et obligations des chemins de fer français et sur les obligations de la ville de Paris[1]. Aux termes de ces autorisations, ces avances peuvent s'élever à six dixièmes de la valeur des effets déposés, calculée d'après leur cours de la veille au comptant. Elles ne sont consenties que pour une durée de deux mois; mais la Banque ne refuse point de les renouveler; il serait facile, d'ailleurs, de représenter immédiatement les effets pour réclamer une avance nouvelle. La Banque ne prélève,

---

[1] Loi du 14-17 mai 1834, art. 3, et ordonnance du 15 juillet suivant.—Décrets des 3 et 28 mars 1852.—Arrêté du 23 février 1833.

pour les avances de cette nature, qu'un intérêt
peu élevé, et cependant elle retire de ces prêts
un assez fort bénéfice. En effet, elle livre aux
emprunteurs, non pas du numéraire, mais en
général des billets, et une émission de billets,
même considérable, n'a point de danger quand
les valeurs que la Banque reçoit en échange
sont parfaitement sûres et d'une réalisation
prompte et facile.

L'intérêt que la Banque prélève en pareil
cas ne dépasse pas d'ordinaire 4 p. %. Cependant tous les effets sur lesquels elle fait des
avances, la rente elle-même, rapportent un intérêt plus élevé : la plupart de nos grandes li-
gnes de chemins de fer rapportent au minimum
6 p. %, souvent davantage.

Voici le parti que les boursiers habiles savent
tirer de ces complaisances de la Banque.

Saisissant un moment de baisse, je remets à
mon agent de change 50,000 fr., en lui ordon-
nant d'acheter, au comptant, 125 actions du
chemin de fer de.... à 1,000 fr., et de les déposer immédiatement à la Banque de France qui,
sur ce dépôt, fait l'avance des 6 dixièmes de la

valeur de ces actions, soit . . . .   75,000 fr.

avec cette somme et les . . . . .   50,000 fr.

que j'ai remis à mon agent de
change, il payera le prix des 125
actions . . . .   125,000 fr.

Ainsi, je n'engage que 50,000 fr., et je spécule sur une valeur de 125,000 fr. — J'attends
la hausse dans cette position, d'autant plus pa-
tiemment que je paye seulement 4 p. % d'intérêts sur 75,000 fr., et que je profite de 6 p. % et
plus sur les 125,000 fr. de valeurs par moi déposées.

La hausse arrive-t-elle, ces actions, par
exemple, sont-elles montées à 1,050 fr. :

Je les vends au comptant à ce
cours, et je reçois . . . .   131,250 fr.

je rembourse à la Ban-
que ses avances . . .   75,000 fr. ⎫
je retire mon capital   ⎪
engagé . . . .   50,000 fr. ⎬ 125,350 fr.
Coût de deux courta-   ⎪
ges et frais, environ .   350 fr. ⎭

je recueille un bénéfice net en capital de. . . . .   5,900 fr.

Si la hausse se fait attendre très-longtemps, si même il survient une baisse, je reste dans cette position, en renouvelant mon emprunt à la Banque, jusqu'à ce qu'il arrive une hausse qui me mette à même de vendre avec bénéfice mes 125 actions. J'attends avec d'autant plus de calme et de patience que je bénéficie, durant cette attente, de la différence des intérêts : pour six mois, par exemple, je payerais à la Banque 2 p. °/₀ d'intérêts sur 75,000 fr. . . . . 1,500 fr.
et je toucherais 3 p. °/₀, ou même plus, d'arrérages ou de dividendes, sur 125,000 fr., valeur des 125 actions déposées. . . . . 3,750 fr.

Différence d'intérêts à mon profit.   2,250 fr.

Nous ne supposons, dans cet exemple, qu'une hausse de 50 fr. par action ; ne fût-elle même que de 30 fr., le gain en capital serait encore de 3,400 fr., plus le même profit sur les intérêts.

L'abus est arrivé à un tel point que, pendant assez longtemps, les avances de ce genre se sont élevées jusqu'à 200 millions, et qu'à certaines époques, dans des moments de gêne ou de pa-

nique sur la place, la Banque a senti la nécessité de réduire la proportion et la quotité de ses
avances. En octobre 1861, à la suite de l'admission de l'emprunt italien, et dans la crainte
de quelque crise financière, elle s'est vue forcée, pour ménager son encaisse qui diminuait
rapidement, de prendre plusieurs mesures extraordinaires, et spécialement de restreindre les
prêts de cette nature : elle a réduit, à partir du
15 octobre, ses avances sur dépôt de titres à
60 p. °/₀ sur les titres de rente, et à 40 p. °/₀ sur
les actions et obligations des chemins de fer.
En même temps elle abaissait à quarante jours
le maximum de la durée de ces avances. Mais
ces mesures, quoique salutaires, ne remédiaient
point aux abus que nous signalons. Il en résul-
tait que la Banque prêtait des sommes moins
considérables aux spéculateurs ou aux joueurs;
mais le dépositaire de 100,000 fr. de valeurs en
titres n'en continuait pas moins à spéculer ou à
jouer à la Bourse pendant quarante jours, avec
60 ou 40,000 fr. d'argent de la Banque, tout en
bénéficiant de la différence des intérêts. Et quant
à la durée du prêt, qu'importe qu'elle soit limi-

tée à quarante jours si le prêt peut être renouvelé ? Au surplus ces restrictions n'ont diminué
le montant de ces avances que momentanément et seulement de 9,780,000 fr. : car au
10 octobre 1861 elles s'élevaient à 85,420,000 f.;
au 14 novembre, un mois après, à 75,640,000 f.;
au 13 février 1862, elles étaient remontées à
102,800,000 fr. Pendant l'année 1861, il en a été
fait pour 472,528,300, et pendant l'année 1860,
il en avait été accordé pour 651,551,800 [1].

Enfin, pour prouver combien d'abus peuvent
résulter de ces prêts officieux, nous n'en citerons qu'un exemple, mais qui est de nature à

---

[1] D'après l'état de situation de la Banque au 13 mars
1862, ces avances s'élevaient alors :

Sur effets publics français à.	150,012,900	»
Sur actions et obligations de chemins de fer	63,347,600	»
Sur obligations du crédit foncier, à . . .	444,700	»
Total de ces avances au 13 mars 1862. .	213,802,200	»

Mais ce résultat doit être attribué en partie à l'augmentation d'emprunts qu'a dû occasionner, au moins momentanément, l'opération de la conversion des rentes 4 1/2 et
4 p. % ainsi que des obligations trentenaires en rente
3 p. % par suite de la loi du 12 février 1862. — Compte
rendu de 1861. —*Moniteur,* 26 mars 1862.

faire naître des réflexions de plus d'un genre. On a vu, en 1854, la Banque de France accorder à un simple garçon de bureau du chemin de fer du Nord, sur dépôt de titres volés, des prêts montant à 526,500 fr., à l'aide desquels ce garçon de bureau fit, en deux années, des opérations de jeu qui ne s'élevèrent pas à moins d'une valeur capitale de 43 millions [1].

SECTION VII. — Opérations diverses.

Nous ne pousserons pas plus loin cette revue des opérations dont la combinaison et l'emploi, faits avec adresse et opportunité, constituent la science de l'homme de Bourse [2]. Il serait super-

---

[1] Guérin, garçon de bureau. Voir l'acte d'accusation contre Carpentier, Grellet, Guérin et Parot. Cour d'assises de la Seine, 22 septembre 1857.

[2] Ceux qui désireraient connaître, dans le plus grand détail, toutes les combinaisons d'opérations fictives qu'un joueur peut faire dans le même mois, d'après les variations du cours, n'a qu'à consulter les ouvrages indiqués plus haut page 46, et notamment ceux de MM. Jeannotte-Bozérian, tome Iᵉʳ, pages 133 à 144; Calemard de la Fayette, pages 59 à 124; Proudhon, pages 93 à 101 ; l'Almanach de la Bourse, 1856, pages 53 à 65; 1861, pages 75 à 102.

flu de développer ici toutes les complications accessoires, tous les artifices de détail auxquels ces opérations donnent lieu ; d'initier le lecteur aux détails de la corbeille, des diverses combinaisons du jeu de primes ; des primes contre primes, des primes pour recevoir, du report sur prime, de la commune, des conversions, etc.; encore moins aux petites manœuvres, aux tripotages, qu'on nous passe le mot, nés dans l'ignoble *coulisse,* cette démocratie de la Bourse[1]. Les détails qui précèdent en font connaître assez pour que l'on puisse apprécier et juger les opérations au point de vue sous lequel nous voulons les examiner ; c'est-à-dire sous les rapports de l'intérêt général, de la saine économie politique et de la morale.

---

[1] Si l'on veut pénétrer dans la bohème, il faut en apprendre l'argot. Il serait inutile et trop long d'en donner ici le vocabulaire: on trouve d'ailleurs l'explication de toutes ces locutions de l'agiotage dans les ouvrages ci-dessus cités et dans les manuels et guides publics à l'usage des spéculateurs et des joueurs.

5.

SECTION VIII. — Liquidation des marchés à terme.

Examinons maintenant comment se liquident ces milliers d'affaires de chaque jour; comment, pour y parvenir, on réussit à mettre de l'ordre dans ce chaos d'opérations complexes qui se croisent et se répondent entre les mains des intermédiaires imposés par la loi.

La liquidation s'opère à la fin de chaque mois[1].

[1] Depuis 1844, une liquidation spéciale pour les chemins de fer avait lieu, en outre, le 15 de chaque mois. Cette liquidation du 15 créée pour rendre le jeu plus vif a été supprimée par le décret du 13 octobre 1859. Toutefois la réponse des primes, pour les opérations de cette nature, continuera à avoir lieu le 15 de chaque mois; mais le règlement de ces mêmes opérations ne se fera qu'à la fin du mois. Cette mesure a eu pour effet de surcharger à tel point les liquidations de fin de mois, qu'il a fallu accorder un jour de plus pour leur règlement complet. En conséquence les liquidations ont lieu maintenant comme suit :

Le premier jour du mois, liquidation des rentes françaises et des autres fonds d'État;

Le deuxième jour, liquidation des valeurs industrielles ;

Le troisième jour, règlement des comptes et des carnets;

Le quatrième jour, pointage et balance des capitaux ;

Le cinquième jour, payements et livraisons.

La réponse des primes est faite, soit le 15 de chaque mois pour les chemins de fer, soit le dernier jour de chaque mois pour toutes les valeurs[1].

Le syndicat fixe le cours de liquidation, dit de compensation; c'est le terme moyen entre le cours le plus bas et le cours le plus élevé des effets au comptant cotés pendant la première heure de la Bourse, le jour de la liquidation.

Le 1er de chaque mois, on procède à la liquidation pour les rentes françaises et les autres fonds d'État; le 2e jour à celle des chemins de fer et autres valeurs industrielles; à cet effet, on procède d'abord à ce que l'on appelle la compensation. Voici comment s'exécute cette opération assez complexe.

Pendant le cours du mois d'août, l'agent de change A... a acheté de son collègue B... 240,000 fr. de rentes 3 p. % et lui en a vendu 225,000 fr. Sans s'occuper des prix auxquels ont

---

[1] On appelle ainsi la déclaration que l'acheteur à prime doit faire de sa détermination d'abandonner la prime, ou bien de maintenir et d'exécuter son marché.

été conclus ces divers marchés, et n'ayant égard qu'à la quotité des rentes, A... et B... compensent entre eux ces achats et ces ventes jusqu'à due concurrence, et il en résulte que B... devra livrer à A..., en liquidation, seulement 15,000 fr. de rentes.

Des compensations pareilles étant effectuées avec tous ses collègues, A... se trouve débiteur de titres 3 p. % envers C..., F..., H..., J..., et créancier en titres de même nature de B..., de D..., de E..., de G..., de L..., et ainsi de suite.

Pour régler et solder ces décomptes en titres, les agents de change emploient une sorte de papier-monnaie ou d'échange; ce sont des bulletins de noms qui désignent, par coupures de sommes déterminées, les noms de ceux de leurs clients qui sont en droit de réclamer des titres[1]. L'agent de change qui délivre ces bulletins prend, par cela même, l'engagement de

---

[1] Ces bulletins indiquent : 1° la date de leur remise ; 2° leur numéro d'ordre ; 3° le nom de l'agent de change auquel ils sont remis; 4° la nature et la somme de rente qui devra être transférée; 5° le prix dit de compensation; 6° les noms et prénoms des acheteurs au nom desquels le

livrer la somme de rentes qui y est mentionnée : celui qui endosse ces bulletins transmet le droit d'exiger la livraison.

En liquidation, A... se fait délivrer par B..., D..., E..., G... et L..., des bulletins de noms pour la somme de rentes dont chacun d'eux est débiteur en titres envers lui ; il endosse ces bulletins, et s'acquitte en les transmettant jusqu'à due concurrence à C..., à F..., à H..., à J... et autres, envers lesquels il est débiteur de pareils titres.

Ces bulletins de noms circulant ainsi, peuvent passer par plusieurs mains, mais ils finissent nécessairement par tomber entre les mains d'un agent de change vendeur resté, après compensation, débiteur de titres, et qui fait opérer le transfert aux noms des acheteurs qui y sont désignés, lorsqu'ils exigent un transfert réel.

---

transfert devra être effectué. Ils sont faits par coupures uniformes qui sont de convention à la Bourse : de 1,500 fr. de rentes 3 p. °/₀ ; de 2,250 fr. de rentes 4 1/2 p. °/₀ ; de 25 actions de chemins de fer, etc. comme pour les marchés à terme et pour les reports. (Voyez pages 54 et 67.)

On suit un système semblable pour la compensation en argent. A la fin du mois, chaque agent de change établit, avec chacun de ses collègues, son compte en espèces pour toutes les opérations qu'ils ont faites ensemble, en achats, ventes, primes, etc. Le débit et le crédit sont compensés, et le solde constitue l'un débiteur et l'autre créancier. Ainsi s'effectue entre les soixante agents de change, pour toutes les natures de valeurs, la première opération de la liquidation : la compensation. Chacun d'eux en établit le résultat dans sa feuille de liquidation, qui offre, d'un côté, les quotités de titres qu'il doit lever ou livrer; de l'autre, les soldes de différences qu'il doit payer ou recevoir en numéraire.

Le quatrième jour de la liquidation, les commis de tous les agents de change se réunissent à la Bourse pour vérifier et *pointer* contradictoirement tous les articles de ces feuilles de liquidation. Le syndicat fait ensuite le relevé général des soldes que ces feuilles présentent, et en établit la balance qu'il envoie à la Banque de France, où les divers payements qui en résultent sont effectués le cinquième jour, soit en numéraire effectif, soit par des reviremenls de l'un à l'autre des comptes ouverts à la Banque à chacun des agents de change.

Chaque agent de change règle ensuite avec ses clients la liquidation de leurs marchés, soit par la livraison des titres, soit par le paye-ment des différences en gain ou en perte, d'après le cours de liquidation et le prix stipulé dans leurs marchés.

Le mécanisme seul de cette liquidation prouve surabondamment que lorsque l'on fait une opération à la Bourse, on ne traite en réalité qu'avec l'agent de change, on n'a que lui pour partie responsable. L'acheteur ne sait pas de qui il achète; le vendeur ne sait pas à qui il vend : et comment le sauraient-ils? L'agent de change ne le sait pas lui-même; il ne connaît que le collègue avec qui il fait l'opération. Ce sont deux agents de change qui achètent ou vendent l'un à l'autre. Jusqu'au jour de la liqui-dation, l'agent de change ne sait même pas quels seront ceux de ses collègues qui devront lui payer ou recevoir de lui les excédants en

numéraire ; quels seront ceux qui devront recevoir ou livrer les titres dont le transfert ou la
livraison effective sera exigé par les clients ;
et les noms de ces derniers seront alors passés
de main en main comme les jetons d'une partie
de jeu.

Ce système de liquidation, introduit à la
Bourse en 1808, est aussi ingénieux et aussi
habilement combiné que simple, eu égard à
une aussi immense quotité de titres et de marchés de toute espèce[1]. Il est facile d'apercevoir
quelles déductions on doit logiquement en tirer,
et comment il fournit lui-même une des preuves
les plus concluantes pour constater que l'immense majorité des opérations de la Bourse ne
sont que fictives et de pur jeu[2].

[1] Ce système est exposé clairement et avec détails dans le
mémoire présenté au ministre des finances par la chambre
syndicale en 1843, pour provoquer un règlement sur la négociation des effets publics (pages 65 à 73 de l'appendice)
et dans les divers ouvrages sur la Bourse, notamment par
celui de M. Jeannotte-Bozérian, tome Ier, pages 122 à 133.

[2] Voyez plus loin, IIIe partie, et la note III à la fin de
cet écrit.

TROISIÈME PARTIE

CONSÉQUENCES DU SYSTÈME ACTUEL DE NÉGOCIATIONS.

Tel est le système actuel des diverses opérations de Bourse ; il faut rechercher quelles en
sont les conséquences, sous les trois points de
vue des intérêts individuels, de l'intérêt général et de la morale publique.

L'acheteur ne connaît pas son vendeur et réciproquement: l'un et l'autre ne connaissent
que leur agent de change, ne peuvent avoir affaire qu'à lui. Dans toutes les opérations quelconques, c'est l'agent de change qui traite directement avec ses clients ; qui s'engage envers
eux ; qui reçoit d'eux, ou leur remet les fonds

ou les titres ; qui réclame d'eux ou leur paye les différences ; souvent même il ne leur fait pas connaître avec quel autre agent de change il a conclu leur opération ; en un mot, les clients n'ont en réalité pour partenaire contractant et responsable que l'agent de change, et cela sans aucune garantie autre que la moralité et la solvabilité de ce mandataire privilégié qui leur est imposé par la loi.

Voici ce qui en résulte inévitablement :

§ I. — Les acheteurs et vendeurs au comptant ; les rentiers qui ne jouent, qui ne spéculent même pas, sont obligés de déposer les uns leurs capitaux, les autres leurs titres entre les mains de l'agent de change qui ne leur en donne même pas une reconnaissance ou un reçu, quoique les règlements le lui prescrivent [1]. Les clients ne reçoivent de lui qu'un simple avis, leur annonçant que l'opération est faite à tel cours. Le vendeur, avant de toucher le prix de la rente vendue, reste cinq ou six jours, et signe même le transfert de ses titres, sans avoir en

---

[1] Arrêté du 27 prairial an x, art. 11.

main une seule pièce authentique qui constate ses droits [1].

Il en est de même pour les spéculateurs qui
font des opérations à terme : ils sont obligés de
déposer entre les mains de leur agent de change
une couverture, soit en numéraire, soit en valeurs, sans aucune garantie pour les fonds ou
valeurs ainsi confiés, pour l'exécution de leurs
marchés, pour le payement des différences qui
pourraient leur être dues.

Si l'agent de change abusait de ces valeurs
dans son intérêt personnel; s'il venait à man-
quer ou à disparaître, et il est malheureusement
prouvé que la chose n'est nullement impossible,
ses clients n'auraient ni recours légal, ni même
aucun titre contre personne. Il n'y a pas sécurité, même pour les joueurs.

On objectera qu'il est reçu et passé en usage
que, dans le cas de faillite ou de disparition d'un
agent de change, la compagnie prélève sur son
actif, sur le prix de sa charge et sur sa part

---

[1] Règlement de la compagnie, novembre 1832, titre 5,
art. 7 ; et titre 6, art. 4.

dans le fonds commun[1] de quoi faire honneur aux *faits de charge*. Mais nous ne connaissons aucune disposition de loi ou d'ordonnance, ni même aucun article de règlement général ou intérieur qui impose à la compagnie cette obligation. L'obligation fût-elle même reconnue, quelles sont les opérations que l'on qualifierait *faits de charge ?* Probablement celles qui seraient inscrites sur les livres ou carnets de l'agent de change. Or, ces agents ne donnent ni reçus ni récépissés, et dans la pratique, il n'est ni loisible ni possible au client qui dépose entre leurs mains des fonds ou des titres, de vérifier si ses ordres d'achat ou de vente et ses dépôts sont portés et inscrits exactement sur les livres de l'agent de change.

§ II. — Les clients n'ont aucun moyen de vérification ou de contrôle pour s'assurer de la sincérité des négociations. Si, pendant la durée de la Bourse, le cours de la rente avait varié, par exemple, de 70 fr. 60 c. à 71 fr. 25 c., ou

---

[1] Ce fonds commun a été créé par les délibérations des 30 mars 1819 et 24 mars 1822.

que le cours de tel chemin de fer eût haussé ou baissé de 15 ou de 20 fr., rien n'empêcherait les agents de change de coter les actions au cours le plus élevé pour l'acheteur, au cours le plus bas pour le vendeur. Il serait impossible aux clients d'échapper à ce supplément de courtage et même d'en avoir connaissance. Il n'y a qu'un seul moyen de se garantir contre cet abus : c'est de fixer à l'agent de change un cours déterminé ou le cours moyen de tel jour, et beaucoup de personnes se résignent à prendre ce parti.

§ III. — Au mépris de toutes les défenses prononcées par les lois et les règlements, les agents de change peuvent librement, sans publicité, faire sous des noms supposés des spéculations et jouer pour leur propre compte ; prendre à intérêt des fonds des particuliers, et courir ainsi des risques de tout genre qui compromettent les intérêts de leurs clients [1].

---

[1] Plusieurs procès qui ont eu du retentissement, ont constaté que cette supposition n'était que trop fondée ; on peut consulter entre autres les débats du procès de l'agent de change Giblain, sur les plaintes de divers (Arrêt de con-

§ IV. — Si l'on veut rechercher franchement les causes des désordres, on reconnaît que l'une des plus graves est dans le secret absolu qui est assuré aux opérations de Bourse ; là est la source principale des abus.

Ce secret est le voile protecteur des joueurs honteux.

A l'exception de quelques sommités de la haute finance, personne, en général, ne voudrait que l'on sût et que l'on pût constater qu'il spécule ou qu'il joue à la Bourse. — L'homme qui, par état, est dépositaire des fonds de ses clients, le notaire, le mandataire, l'homme d'affaires, par exemple, perdrait leur confiance et se verrait abandonné de tous si l'on savait qu'il se livre à ces spéculations aventureuses. — Il en serait de même du commerçant, du fabricant ; il trouverait sur la place bien moins de confiance et de crédit. — Un comptable qui serait connu pour jouer à la Bourse, perdrait son em-

damnation par la cour d'assises de la Seine le 31 décembre 1859), et de celui du même Giblain contre ses commis. (Arrêt d'acquittement par la cour d'assises, 26 janvier 1860.)

ploi. — Pour un propriétaire, pour l'homme du monde lui-même, il serait fâcheux d'être cité comme joueur de Bourse; cela pourrait lui faire grand tort dans ses relations sociales ou de famille, pour un emprunt, pour une alliance, pour un emploi. — Le secret serait bien plus nécessaire encore pour une classe de personnes qui a plus besoin que toute autre de l'estime et de la confiance publiques. Un homme de cour, un des dignitaires de l'État, un haut fonctionnaire, un ministre, qui ont la primeur de toutes les nouvelles, qui sont instruits les premiers et souvent à l'avance de toutes les mesures gouvernementales et administratives, pourraient, s'ils étaient peu scrupuleux, exploiter à la Bourse ces avantages de leur position : mais si cela était connu, ils seraient déconsidérés, honnis par tout le monde et succomberaient sous le mépris et l'indignation publiques. — Les administrateurs, les gérants, les surveillants des compagnies industrielles perdraient tout crédit et toute confiance, si l'on savait que, ayant par leurs fonctions la connaissance de la situation de leur compagnie, de ses projets, des mesures qu'eux-mêmes vont proposer et arrêter, ils en profitent pour agioter d'avance sur les actions avec la certitude d'un gain considérable.

Le secret le plus absolu est indispensable pour ces diverses catégories de joueurs. L'agent de change est interposé entre eux et le public comme un rideau qu'aucun œil ne peut percer, qu'aucune main ne peut lever, comme un masque qui cache leur visage. Personne ne peut deviner qui vient se livrer au jeu sous son officieux manteau.

Il en résulte que les particuliers qui s'avanturent au jeu de la Bourse ne savent jamais contre qui ils jouent. Or, partout où l'on joue, du moins honnêtement, les chances sont égales : à la roulette même et aux autres jeux prohibés, l'avantage du banquier est calculé, fixé, connu de tous. A la Bourse, on est journellement exposé à jouer, sans s'en douter, contre des adversaires qui sont en position de connaître d'avance la retourne.

§ V. — Ceux qui ont approfondi la science de Bourse et les diverses combinaisons qu'elle

offre aux habiles par les marchés à terme, savent qu'il n'est possible d'influer sur les cours
qu'autant que l'on peut disposer de fonds considérables et d'une grande quantité de titres ;
mais qu'avec de pareilles ressources on peut,
dans certaines circonstances, produire à volonté une hausse ou une baisse au moins temporaire pour le succès de ses opérations. C'est
surtout aux approches de la liquidation que
l'on emploie ces manœuvres. — Les uns on
fait des ventes énormes soit à terme ferme, soit
à prime, même à découvert et ont fait ainsi fléchir les cours : en liquidation, ils déclarent
vouloir livrer ; les acheteurs qui comptaient
pouvoir se libérer par le seul payement de la
différence, sont forcés de revendre au même
instant les titres par eux achetés ou de se faire
reporter, ce qui détermine une baisse plus
forte. — Les autres, acheteurs de quantités très-
considérables, escomptent leurs vendeurs au
moment favorable ; en liquidation, ils refusent
de se contenter du simple payement de la différence et exigent la livraison des titres ; les vendeurs à découvert sont forcés d'acheter immé-

6

diatement ces titres ou d'en emprunter, et ces nombreuses demandes activent la hausse. — Ainsi, comme il se fait à la Bourse, sur les diverses natures d'effets, pour cent fois plus d'affaires qu'il n'existe de titres disponibles ou flottants, et que d'ailleurs il faudrait des centaines de millions pour réaliser toutes ces opérations par des payements effectifs, les puissances de la Bourse peuvent rendre à leur gré soit l'argent, soit les titres rares ou abondants sur la place, et partant en faire hausser ou baisser le cours. Ces gens-là jouent à peu près à coup sûr ; les petits joueurs sont dupes ou victimes.

§ VI. — Cependant la soif du gain, le désir de s'enrichir promptement et sans peine, sont des passions si vives qu'elles aveuglent et entraînent un grand nombre de personnes dans toutes les classes de la société. Sous le voile impénétrable de l'agent de change, une foule de parieurs se livrent à ce jeu avec une telle frénésie, qu'on ne saurait calculer à quelles sommes fabuleuses, à combien de milliards s'élèverait le capital des opérations fictives ou plutôt des véritables gageures qui se font sur les effets en une seule année[1] !

Cet agiotage perpétuel procure aux agents de change des bénéfices énormes : on n'évalue pas à moins de 60 à 80 millions leurs profits annuels en courtages et en reports[2]. Aussi leurs charges, concédées dans l'origine à titre gratuit, ont-elles acquis progressivement une valeur énorme : elles se vendent depuis quelques années au prix d'environ 2 millions, et il en est peu qui ne soient partagées entre quatre, huit et même seize associés intéressés dans les bénéfices[3].

§ VII. — Les garanties que l'institution des agents de change et des courtiers assurait à la

---

[1] On joue même sur les marchandises et, par exemple, il s'est acheté et vendu fictivement, en un mois, plus de pièces d'esprit-de-vin que la France entière n'en pourrait produire en six années.

[2] Dans le projet de création d'un impôt sur les effets en circulation, la valeur des actions des compagnies dont les titres sont négociés à la Bourse est évaluée à 16 milliards : combien de fois ces actions ne sont-elles pas vendues et revendues, au moins fictivement, dans une année ! Les rentes sur l'État ne sont pas comprises dans cette évaluation.

[3] Voir la note I à la fin de cet écrit.

Banque et au commerce sont singulièrement affaiblies, sinon totalement annulées. Les agents de change, institués pour faire *le change*, ne s'en occupent plus aujourd'hui ; ils dédaignent cette industrie et l'abandonnent aux courtiers marrons, qui n'offrent aucune des garanties exigées par la loi[1].

Lorsque l'on manipule des millions, comment perdre son temps à gagner de misérables courtages sur des lettres de change et des effets de commerce ! Les courtiers eux-mêmes négligent le placement des marchandises pour se livrer de préférence aux marchés à terme, aux opérations fictives et au jeu sur les esprits, les grains, les huiles, etc.[2].

§ VIII. — Enfin, et cette considération n'est pas sans importance, la Bourse est devenue une puissance ; il est prudent de s'assurer son appui, non-seulement pour les opérations financières, mais même sur certaines questions po-

[1] Loi du 28 ventôse an IX et arrêté du 27 prairial an X, déjà cités.

[2] Voyez la note ci-dessus, page 99.

litiques. Souvent, pour des projets d'intérêt
général, pour des mesures que réclamait l'opinion publique, nos gouvernements ont été obligés de s'inquiéter des dispositions de cette oli-
garchie de finance, et parfois de s'arrêter devant
l'effet que la mesure produirait à la Bourse. —
Il est toujours fâcheux, parfois dangereux, qu'il
existe, en dehors des pouvoirs constitutionnels,
une puissance oligarchique qui puisse peser
sur le gouvernement, l'influencer ou l'entraver.
Cela est plus déplorable encore, s'il s'agit d'une
aristocratie d'argent, objet de jalousie plutôt
que de respects, temporaire et mobile, toujours
chancelante, et dont l'existence, la splendeur,
la durée, dépendent d'un coup de Bourse.

SECTION I. — **Abus et dangers de cet état de choses.**
Nécessité d'une réforme.

§ I. — Ce qui frappe avant tout l'esprit des
hommes de sens et d'expérience, c'est la contradiction choquante que nous avons signalée
entre la législation et les règlements administratifs. Ce n'est pas chose de peu d'importance,

6.

comme certaines personnes semblent le croire ;
il ne s'agit pas ici seulement de l'intérêt des
hommes de Bourse et de leurs clients. Toutes
les fois que l'autorité organise, permet ou seulement tolère ouvertement une violation formelle, patente de la loi, il y a perturbation
grave, atteinte profonde à l'ordre et à la moralité publique. On s'accoutume à se jouer des
lois : aujourd'hui, c'est la loi financière qui est
violée ; demain, ce sera la loi politique ; bientôt
celles qui garantissent les propriétés et là sû-
reté des personnes ne seront pas plus respec-
tées : enfin, on ne regardera plus les lois, en
général, que comme une lettre morte, un vain
épouvantail, propre à effrayer et à contenir
seulement les gens timides. En tout et toujours,
l'autorité doit être la première à donner l'exemple du respect pour les lois. Honneur à nos
magistrats qui, religieux observateurs de la loi,
malgré les tolérances d'une administration faible ou complice, n'ont jamais voulu transiger
avec les principes, ni consentir à sanctionner
par leurs arrêts ces violations de nos codes!

Mais on ne saurait se refuser à reconnaître

que nos lois anciennes sont insuffisantes, in-
justes même, à certains égards, devant des intérêts et des besoins nouveaux. Il importe donc
de mettre notre législation sur cette matière en
harmonie avec les besoins légitimes de notre
société actuelle, de telle sorte qu'il soit enfin
permis aux tribunaux d'être justes.

§ II. — Lorsqu'on envisage la question sous
le point de vue de l'économie politique, de graves considérations s'élèvent contre le système
actuel. S'il existe en cette matière un principe
unanimement reconnu, c'est que le travail est
la principale source de la richesse des nations.
Tout ce qui tend à détourner, à dégoûter du
travail est donc en opposition aux véritables
intérêts du pays, un obstacle au développement
et aux progrès de sa véritable richesse, de sa
prospérité réelle. Or, rien n'est plus propre à
dégoûter l'homme du travail et de l'économie,
à le démoraliser en excitant sa cupidité, qu'une
institution qui lui offre l'appât si souvent trompeur et funeste de gains considérables, d'une
fortune acquise rapidement, sans labeur, sans
talent et sans peine, par des spéculations aven-

tureuses, par des opérations équivoques et aléatoires. Le Français, naturellement impatient, téméraire, avide de fortune, de luxe et de plaisirs, est plus prédisposé qu'un autre à se laisser séduire et entraîner par ces illusions. Le marchand, le fabricant, l'artisan lui-même ne savent plus se résigner à acheter, par quinze ou vingt ans d'un commerce loyal ou d'un travail opiniâtre une modique fortune, lorsqu'ils ont en perspective une chance heureuse qui pourrait les enrichir en peu de jours. Le propriétaire, peu satisfait de son faible revenu, va risquer à la Bourse des capitaux qu'il emploierait plus sagement à dégrever et à améliorer son bien : il le vendra peut-être pour aller tenter la fortune et perdre sur le tapis vert de la Bourse le patrimoine qu'il devait transmettre à ses enfants. L'agriculteur se dégoûte de son pénible travail, si peu productif en comparaison de l'industrie, et bien plus encore du jeu : s'il a besoin de quelques avances pour réaliser une amélioration, il trouvera bien difficilement à emprunter, même avec toutes les sûretés possibles, lorsque les capitalistes les plus prudents

peuvent employer leurs fonds avec toute sécurité en reports, à un intérêt beaucoup plus
élevé. Il en est de même pour l'inventeur qui
voudrait propager une découverte utile, un
procédé nouveau; il n'aura guère d'autre ressource que de s'adresser aux *habiles* qui savent
lancer une affaire à la Bourse.

Ainsi des capitaux considérables sont détour-
nés de l'agriculture, de l'industrie, du commerce qu'ils pourraient vivifier, et laissés en
stagnation ou flottants, pour être employés en
couvertures, en primes, en reports ou réservés
pour faire face aux éventualités de payements
de différences ou de pertes imprévues. 60 à
80 millions de courtages et de bénéfices sont
absorbés tous les ans par les agents de change !
et, certes, de pareils emplois de fonds ne peuvent pas être regardés comme productifs dans
l'intérêt de la prospérité publique, puisqu'ils
n'ont pour résultat que d'alimenter, au profit
d'une certaine classe de spéculateurs oisifs,
un jeu trop souvent funeste et éminemment
corrupteur.

Enfin, comme en dehors du travail, qui seul

peut réellement créer des capitaux, pour qu'un individu gagne, il faut qu'un autre individu perde, l'homme livré à ces manœuvres s'accoutume à convoiter le bien d'autrui, à désirer la ruine de son concitoyen, et à la provoquer par tous les moyens possibles, même par la ruse et la mauvaise foi.

§ III. — Abordons enfin la question de moralité, dussions-nous faire sourire les gens chez qui l'estime et la morale se cotent comme le 3 p. %, l'Orléans ou le Crédit mobilier.

Il est des vices dont les conséquences, sous tous les rapports publics et privés, sont tellement déplorables que le législateur doit les condamner, au moins en principe, et les réprimer, autant qu'il peut le faire, sans porter atteinte à la juste liberté des individus. Parmi ces fléaux de la société comme des familles, la passion du jeu est un des plus funestes. Aussi le code frappe-t-il de nullité toute créance provenant du jeu et du pari ; il prohibe les jeux de hasard[1]. Nos législateurs, dans leurs accès de

[1] Code civil, art. 1965, 1967. — Code pénal, art. 410, 419, 421, 422, 475 477.

vertueuse indignation, ont fait maintes fois re-
tentir du haut de la tribune de brillants discours
contre le jeu de la Bourse, en bornant toutefois
à ces manifestations leur généreuse initiative :
au nom de la morale publique, ils ont proscrit
les jeux publics, ils ont, en 1836, supprimé la
loterie, où cependant toutes les chances étaient
calculées, bien notoires, et toute fraude impossible. Mais en même temps on avouait, on pro-
tégeait, on réglementait la Bourse. On laissait
rétablir des loteries, sous le titre d'actions et
d'obligations remboursables par tirages avec
lots et primes : on ouvrait d'une main la caisse
d'épargne, et de l'autre le repaire de l'agiotage!
la police poursuivait et traînait devant les tribunaux les banquiers de jeux clandestins :
était-ce donc par jalousie de métier?

Ce n'était pas sans danger que l'on offrait
ainsi au public le spectacle journalier d'un
immense jeu de hasard où des millions étaient
sur le tapis; l'exemple de fortunes fabuleuses
et inespérées faites en peu de temps, sans
peine et sans travail. C'était, tout à la fois, un
funeste enseignement et une tentation inces-

sante; c'était ouvrir un gouffre où devaient
s'engloutir la fortune de tant de familles, le
pain de tant de malheureux : car ces ardeurs
fiévreuses d'une cupidité oisive et aveugle ont
gagné toutes les classes de la société.

Vous confiez des marchandises à un négociant, des fonds à un homme d'affaires, à un
dépositaire quelconque; peut-être joue-t-il à la
Bourse avec votre argent; peut-être demain sa
déconfiture ou sa faillite va-t-elle éclater et occasionner votre ruine. On a vu des notaires jouer
les fonds de leurs clients, les dépôts qui leur
étaient confiés, et, pour se procurer ces fonds,
ne se faire scrupule d'aucune fraude, pas même
du faux. On conservera longtemps encore la
mémoire de ces scandaleuses banqueroutes de
notaires qui ont causé tant de désastres et flétri
la réputation immaculée de l'antique notariat.
Combien ne voit-on pas de petits marchands,
d'artisans, de gens de service, séduits par
l'exemple et par l'appât d'un gain considérable
et facile, hasarder à ce jeu fatal leurs modestes
épargnes de plusieurs années? Et leur malheur
ne sert pas de leçon : on ne veut voir que les

joueurs heureux; on ne songe pas aux victimes !

Le gouvernement lui-même a vu parfois ses
comptables disparaître et passer à l'étranger
après avoir dérobé et dissipé des sommes énormes au lansquenet de la finance.

On se rappelle combien d'inculpations, sinon
d'accusations formelles se sont élevées, au sujet
des jeux de Bourse, sous les gouvernements
antérieurs, contre des membres du parlement,
des directeurs généraux, des hommes de cour,
de grands dignitaires et des ministres eux-
mêmes. Nous voulons croire que ces accusations, qui ont tant contribué à déconsidérer ces
gouvernements, n'étaient pas fondées; mais on
ne peut s'empêcher de convenir que pour des
personnes aussi haut placées et qui possèdent
tous les secrets d'État, rien ne serait plus facile
que de s'enrichir très-promptement en abusant
de leur position et de la confiance du gouvernement pour spéculer sur les événements politiques et sur les actes de l'autorité. Le gouvernement se déciderait-il à déclarer la guerre ou
à faire la paix; à contracter un emprunt; à pré-

7

senter un projet de loi; à prendre une mesure
grave de politique ou de finances qui doit nécessairement influer sur le cours des effets publics? le télégraphe apporterait-il une nouvelle
importante? Quelques jours avant d'exécuter
ces projets, quelques heures avant de publier
cette nouvelle, ces hauts fonctionnaires pourraient, dans le secret le plus profond, se préparer, par des opérations de vente ou d'achat, des
gains considérables. De pareilles manœuvres,
sans doute, ne sont plus à craindre aujourd'hui;
mais il suffit qu'elles soient possibles, que cette
source de fortunes aussi scandaleuses que rapides soit toujours ouverte, pour que la mali-
gnité publique s'obstine à y croire et à accuser
les autorités lorsqu'elles n'ont pas ses sympa-
thies. D'ailleurs, si aucun de ces hauts person-
nages ne se livre à ces manœuvres, qui peut
répondre que tous ceux qui possèdent leur confiance, que leurs commis, que les agents qu'ils
sont obligés d'employer, auront le même désintéressement? L'agent de change les cache sous
son manteau; il pourrait même profiter pour
son propre compte des lumières que lui fourni-

raient les ordres d'achat ou de vente reçus de
personnes si bien informées. Un gouvernement
moral, et qui veut être respecté, sera sans doute
frappé de ces considérations.

On a vu par tout ce qui précède comment et
par quels degrés un esprit de cupidité impa-
tiente et insatiable, encore surexcité par la va-
nité et par la passion du luxe, s'est emparé de
plus en plus de toutes les classes de la société.
On n'a plus eu qu'une pensée dominante, im-
périeuse : gagner de l'argent; parvenir à l'opu-
lence le plus promptement possible et avec le
moins possible de peine et de travail. Sous l'ob-
session incessante de cette idée fixe, on est in-
sensiblement devenu moins scrupuleux sur les
moyens d'acquérir l'objet de ses désirs ; on s'est
précipité à la Bourse, on s'y est livré à des manœuvres de tout genre. C'est ainsi que cette
institution si utile, qui devait être la protectrice
et la garantie du commerce honnête, est devenue le théâtre d'un jeu effréné, une école de
corruption, d'intrigue et de fraudes, ajoutée à
tant d'autres éléments de démoralisation.

Un gouvernement sage et paternel doit sen-

tir la nécessité de mettre enfin un terme à ces
désordres ; il en souffre lui-même par la décon-
sidération qui en rejaillit jusque sur lui. Comme
c'est lui qui institue les agents de change, qui
fait ou approuve leurs règlements ; comme un
commissaire nommé par lui préside à l'observation de ces règlements, à la tenue et à la police
de la Bourse, le public est toujours disposé à
regarder l'autorité, sinon comme complice, du
moins comme moralement responsable des abus
et des désordres qu'elle semble approuver dès
qu'elle ne les réprime pas.

Le Code promettait un règlement d'administration publique sur tout ce qui est relatif à la
négociation et à la transmission de propriété
des effets publics[1]. Une ordonnance du 29 mai
1816 réitérait cette promesse ; la cour de cassation en provoquait l'accomplissement[2] ; la chambre des députés en reconnaissait la nécessité,
en proclamait l'urgence[3] ; les agents de change

---

[1] Code de commerce, art. 90.

[2] Arrêts divers, du 11 août 1824 et autres.

[3] Séance du 26 janvier 1833, sur la proposition de
M. Harlé.

eux-mêmes le demandaient avec instance en
1843[1]. Il est bien temps de compléter enfin la
législation et de fixer la jurisprudence sur cette
matière si importante.

§ IV. — Cette nécessité une fois reconnue,
dans quel esprit les dispositions réglementaires
doivent-elles être conçues ? Nous ne nous dissimulons pas à quel point la question est délicate et la tâche difficile. Sans doute, il faut réprimer le jeu, le désordre et les fraudes ; mais il
faut aussi satisfaire aux besoins légitimes de la
société actuelle et prendre en considération les
abus eux-mêmes ; car, dans certaines circonstances, nous l'avons déjà dit, on est forcé de
leur faire leur part, comme on la fait au feu dans
un incendie.

Aujourd'hui plus que jamais le culte de la richesse est en France le culte dominant, sinon
le seul que l'on pratique avec ferveur. La fièvre
de la spéculation a gagné toutes les classes ;
aux champs de gloire, à l'arène parlementaire,
a succédé le champ clos de la corbeille, et de-

---

[1] Mémoire présenté au ministre des finances le 17 février 1843.

puis les rangs les plus élevés jusqu'aux classes
les plus modestes, il n'est pas de nom si illustre
qu'il dédaigne de figurer sur des prospectus,
sur des appels aux actionnaires, sur des bordereaux de négociations, sur des liquidations de
différences. Lorsqu'une telle passion s'est em-
parée de la société tout entière, on ne peut opérer une réforme immédiate et radicale à coups
de lois et de règlements; il y aurait même im-
prudence à le tenter, au risque d'occasionner
une perturbation subite et générale. Ne défendons, ne punissons surtout que les actes que
nous devons condamner et que nous pouvons
atteindre. La manifestation de l'impuissance de
la loi est un des premiers symptômes de désor-
ganisation sociale.

C'est dans cet esprit que nous allons essayer
d'apprécier et de caractériser les opérations de
Bourse, pour juger quelles sont celles qui peuvent être réputées licites, et comme telles, être
autorisées et protégées par la loi, et celles qui
doivent être considérées comme dangereuses
et nuisibles, et que par conséquent la loi doit
au moins désavouer et blâmer.

§ V. *Opérations au comptant.* — Ces opérations ont pour objet le classement de la rente ou des autres effets publics entre les mains de personnes qui y cherchent un placement durable, ce qui est toujours à l'avantage de l'État et du crédit public, ou bien une spéculation aussi simple que légale et qui ne saurait avoir ni inconvénients ni conséquences fâcheuses dans l'intérêt général. Non-seulement on doit leur laisser la liberté la plus entière, mais la loi doit les protéger et leur assurer une entière sécurité.

Or, les agents de change, au mépris des règlements anciens[1], ne donnant ni reçu ni récépissé, les clients restent pendant un temps plus ou moins long dessaisis de leur propriété sans aucune garantie, même sans aucune pièce probante; un pareil abus doit cesser. Il faut exiger qu'il soit donné aux clients déposants un reçu de leurs fonds, un récépissé de leurs titres, et que la chambre syndicale soit caution de ces dépôts, à tout événement.

§ VI. *Marchés à terme.* — Pour les marchés à

---

[1] Voyez page 90.

terme la question est plus délicate, car ici se présente la distinction si souvent débattue entre la spéculation licite et le jeu ou le pari.

Nous avons vu que les marchés à terme étaient de deux espèces : les marchés à terme ferme et les marchés à terme et à prime.

§ VII. *Marchés à terme ferme.* — Ainsi que nous l'avons expliqué, ils se résolvent de deux manières, soit par la livraison matérielle des titres et le payement effectif de leur prix au terme fixé, ou même plus tôt, au gré de l'acheteur, soit par le simple payement de la différence entre le prix stipulé dans le marché et le prix au cours du jour de la liquidation.

Les premiers sont des opérations sérieuses; elles sont sans doute chanceuses comme le sont toutes les spéculations. On peut gagner, on peut perdre; mais le marché reçoit une exécution réelle, franche, complète. Ce n'est pas autre chose que ce que font tous les commerçants pour les objets de leur négoce, acheter à crédit limité dans l'espoir de revendre bientôt à un prix plus élevé.

Il n'en est pas de même lorsque à l'échéance

le marché à terme, quoique qualifié *ferme*, n'est pas exécuté par la livraison du titre et le payement du prix, mais se résout simplement par le payement de la différence. Dans ce cas, il n'y a plus achat, il n'y a plus vente; le résultat n'est autre que celui d'une gageure. J'ai parié le 10 juillet contre je ne sais qui, peut-être contre mon agent de change lui-même, car je ne connais que lui, j'ai parié qu'à telle époque, tel effet qui était ce jour là au cours de. . . . . aurait monté; l'effet a monté, j'ai gagné; il a baissé, j'ai perdu; la quotité dont il a haussé ou baissé est le prix du pari que je reçois ou que je paye. Au lieu de simuler un achat et une vente, nous aurions pu rédiger notre gageure dans les termes qui précèdent, cela eût été plus clair, plus franc et n'aurait pas eu besoin du ministère onéreux d'un agent de change.

La question doit être étudiée et discutée sous ces deux rapports.

Les défenseurs du régime actuel, appliquant aux marchés de Bourse en général les principes du droit commun, nous disent : « Pour obtenir « confiance et crédit, il faut laisser aux tran-

« sactions commerciales et industrielles la plus
« entière liberté. Un négociant vend sa mar-
« chandise livrable au terme de deux ou de
« trois mois ; un fournisseur s'engage à livrer à
« une époque déterminée et à un prix fixé dès
« aujourd'hui, tels objets de commerce : rien
« dans nos lois ne prohibe de pareils marchés :
« pourquoi en serait-il autrement pour les effets
« publics négociés à la Bourse ? Si chacune
« des parties remplit exactement ses engage-
« ments au terme fixé, on ne peut voir dans
« cette convention rien qui soit contraire à la
« probité, à la morale publique, à l'intérêt gé-
« néral. Si le vendeur et l'acheteur, au lieu de
« réaliser strictement la convention par la li-
« vraison des effets vendus et le payement de
« leur prix, sont d'accord pour résoudre leur
« marché par le simple payement d'une diffé-
« rence, cela ne change rien à la nature du
« contrat. On ne peut interdire à deux contrac-
« tants la faculté de modifier d'un commun ac-
« cord les conditions qu'ils ont établies. En
« cas de désaccord, que déciderait la justice
« dans l'exemple que nous venons de poser ?

« Elle obligerait l'acheteur à exécuter son en-
« gagement, et, forcé de prendre ce qu'il ne
« voulait pas acheter, l'acheteur revendant à
« l'instant même la marchandise au comptant
« et ajoutant de ses deniers la différence, paye-
« rait ainsi son vendeur; ou bien si c'était le
« vendeur qui ne voulût ou ne pût pas livrer
« l'objet vendu, la justice le forcerait à payer à
« l'acheteur des dommages-intérêts suffisants
« pour le mettre à même d'acheter immédiate-
« ment sur la place, au cours du jour, l'objet
« qui était le sujet du marché. C'est précisé-
« ment ce que les usages de la Bourse impo-
« sent en pareil cas au vendeur ou à l'acheteur :
« le payement de la différence entre le prix sti-
« pulé dans le marché et le prix au cours du
« jour de la liquidation. Nulle disparité entre
« les deux spéculations; si l'une est licite,
« l'autre ne peut pas être interdite. »

Ce raisonnement pèche par la base. La liberté
commerciale, comme toutes les autres libertés,
n'est point absolue et sans aucune restriction.
Malgré toute la latitude laissée au commerce,
il est certains contrats qui sont interdits, cer-

taines opérations qui sont prohibées. Pour n'en
citer qu'un exemple, dans les temps de disette,
l'exportation des blés et des principales denrées
est défendue ; l'accaparement de ces denrées,
l'achat anticipé des récoltes sur pied, sont sévè-
rement interdits et punis par les tribunaux. Ici,
nous l'avons déjà dit, il y a nécessité de réprimer le vice du jeu, d'empêcher des manœuvres
qui occasionnent de brusques fluctuations du
cours des effets publics, altèrent au moins momentanément le crédit, et peuvent occasionner
des crises sur la place ; enfin il est nécessaire
de mettre un terme à certains scandales qui
soulèvent l'opinion publique au grand préjudice
de l'industrie honnête et parfois de l'administration elle-même. Tous ces motifs ne permet-
tent pas de laisser le champ de la Bourse entièrement libre à toutes les combinaisons, à
toutes les manœuvres d'un agiotage trop habile.
Nous sommes maîtres de jouer à un jeu quelconque à tant par fiche ou par jeton, de parier
que tel ou tel événement arrivera ; cependant
la loi refuse formellement sa protection et le
secours de la justice pour les dettes de jeu et

pour le payement d'un pari[1]. Approbation et
protection légale pour tout ce qui est opération
réelle et franche; réprobation morale tout au
moins et refus de protection pour tout ce qui
n'est que simple agiotage et manœuvre de jeu :
voilà ce qui paraît prudent et équitable.

Examinons donc librement les marchés à
terme de toute nature sous le double point de
vue de la légalité et de leur utilité pour les négociations sérieuses et licites.

Nul doute que les marchés à terme et les reports ne soient le mode le plus favorable, l'élément essentiel du jeu de Bourse. Si cela n'était
pas évident, il suffirait pour le prouver de rappeler la mesure réglementaire qui interdit de
faire aucun marché à terme autrement que pour
des quotités déterminées de rente ou d'effets[2].
Cette fixation n'a été convenue et arrêtée que
dans le but de rendre prompt et facile le calcul
en liquidation des différences en perte et en

[1] Code civil, 1965. — Code de commerce, 585, § 2. —
Code pénal, 424 et suiv.

[2] Voir page 54.

gain sur les marchés de ce genre qui se font
journellement et forment l'immense majorité de
ces opérations. S'il n'en était pas ainsi, pourquoi
me serait-il interdit de faire une opération ou
marché à terme pour 3,000 fr. de rente 4 1/2,
pour 4,000 fr. de rente 3 %, pour 30 ou 40 actions ou obligations de telle ou telle compagnie
ou chemin de fer? C'est comme à la roulette de
Bade, où l'on ne peut pas jouer moins d'un écu.

Mais il suffit que les marchés à terme puissent être utiles dans des opérations ou spéculations sérieuses et licites, pour que nous traitions
à fond cette question assez délicate et si con-
troversée.

Au point de vue de la légalité, sans remonter
aux édits et arrêts du conseil du siècle dernier
rendus dans des circonstances exceptionnelles[1]
et pour une situation industrielle et financière
si différente de celle d'aujourd'hui, consultons
notre législation depuis cinquante ans. Si nos

---

[1] Aux époques du système de Law, de 1716 à 1724,
et des entreprises de l'abbé d'Espagnac, 1769, 1785 à
1787.

codes réprouvent tout ce qui porte le caractère du jeu et du pari, le code civil, notamment par ses articles 1583 et 1584, autorise, au moins implicitement, les marchés à terme. Le code de commerce ne contient aucune disposition prohibitive à ce sujet. Le gouvernement a constamment admis et approuvé les marchés à terme en sanctionnant les règlements sur la Bourse et les agents de change. Les tribunaux eux-mêmes, sévères envers les joueurs, ont, dans plusieurs jugements et arrêts, admis en principe les marchés à terme lorsqu'ils n'excédaient pas une durée de deux mois et qu'ils paraissaient sérieux et sincères [1].

L'utilité des marchés à terme ferme n'est pas douteuse, et la pratique la constate chaque jour. Parmi ceux qui emploient ce mode de négociations, il en est beaucoup qui ne sont point des joueurs ni même des spéculateurs. Ces opérations offrent à des banquiers, à des com-

---

[1] Ces décisions des cours et tribunaux sont relatées dans le mémoire présenté, en 1843, au ministre des finances par la chambre syndicale des agents de change ; appendice, pages 179 à 270.

merçants, à des particuliers possesseurs de
titres, une ressource précieuse et toujours prête
pour des moments d'embarras ou de crise. Un
banquier, un négociant, compte pour ses
échéances du 15 juillet sur des rentrées qu'il
croit certaines, et ces rentrées lui font défaut
ou sont différées ; **que faire?** escompter des effets de son portefeuille, émettre des billets, emprunter à la Banque ou à des confrères? Ces
expédients pourraient faire naître des inquié-
tudes sur sa position et nuire à son crédit. Il a
en réserve **une** certaine quotité d'effets publics,
ressource toujours disponible quoique toujours
productive; le **10** ou le **11** juillet, il vend au
comptant la quotité d'effets nécessaire pour réaliser la somme dont il a besoin, et il en rachète
en même temps une quotité égale livrable à la
fin du mois; ses besoins du moment sont satisfaits en secret, sans aucun secours étranger, et
il conserve toujours entière sa réserve en effets
publics, sans autre sacrifice que celui d'un *écart*[1]
qui, pour un si court délai, est de peu d'impor-

---

[1] L'écart est la différence de prix de la rente ou d'un

tance et excède rarement l'intérêt du commerce.
Ce même moyen peut également être employé
par toute personne qui est obligée de satisfaire
à une nécessité urgente ou qui a une dépense,
une entreprise utile à faire, et qui ne pourra
réaliser que plus tard les ressources nécessaires.
Il peut être important de conserver au commerce et aux particuliers cette faculté, qui n'a
nullement le caractère du jeu et ne présente
aucun danger, aucun abus.

C'est par les marchés à terme qu'il devient
possible d'exécuter chaque jour toutes les com-
mandes d'achat ou de vente, même de satisfaire
immédiatement et par appoint aux demandes
des acheteurs et des vendeurs au comptant.
Suivant les circonstances et les besoins divers,
il se présente tantôt plus d'acheteurs que de
vendeurs, tantôt plus de vendeurs que d'acheteurs : il serait alors impossible de satisfaire
immédiatement les uns et les autres; il faudrait
attendre l'occasion, et l'on sait si des retards

effet public au comptant ou à terme ferme; à terme ferme
ou à prime : le 3 p. %/₀ étant à 70 fr. au comptant et à 70 fr.
30 c. à terme ferme, l'écart est de 0 fr. 30 c.

sont possibles dans les opérations de cette nature. Mais alors, selon les besoins de la place
et les spéculations du moment, interviennent
tantôt des spéculateurs qui veulent réaliser
leurs bénéfices, les uns en vendant en hausse
les effets qu'ils ont achetés en baisse, les autres en achetant en baisse, pour se couvrir,
les effets qu'ils ont vendus à terme et à découvert; tantôt ceux qui achètent au comptant
pour revendre à terme, ou les capitalistes qui
font la même opération en reports; tantôt enfin
les banquiers, les négociants ou les particuliers
qui font des emprunts en vendant au comptant
et rachetant à terme. Ainsi s'entretiennent le
mouvement perpétuel, la circulation active des
diverses valeurs, et cette faculté de les réaliser
à l'instant même, au gré des détenteurs : considération qui influe puissamment sur leur
cours et contribue à soutenir le crédit public.
— Le gouvernement lui-même, lorsqu'il contracte un emprunt, ne peut le négocier qu'au
moyen d'engagements à terme, et c'est encore
par des marchés à terme que l'on réussit à l'é-
couler et à le classer.

La caisse d'amortissement opère aussi quelquefois par marchés à terme , lorsque ce mode est plus avantageux que l'achat au comptant.

Par tous ces motifs, il nous semblerait juste et sage d'accorder l'autorisation et la protection de la loi aux marchés à terme *ferme* sur les effets publics sous ces deux conditions : qu'ils n'excéderaient pas le terme de deux mois [1] ; et qu'ils recevraient leur entière exécution à l'échéance par la livraison réelle de l'effet vendu , et le payement de son prix.

On objectera que, si l'on autorise en principe le marché à terme ferme, le jeu continuera sous cette dénomination trompeuse. Sans doute, les joueurs pourront dissimuler ainsi leurs paris et leurs manœuvres; un individu qui ne possède qu'une trentaine de mille francs pourra continuer à jouer sur 30,000 fr. de rente, puisqu'il aura de quoi faire face , en cas de chances dé-

---

[1] C'était le terme fixé par l'ancienne législation (arrêt du conseil du 22 septembre 1786) et maintenu par divers arrêts rendus depuis 1823.

favorables, à une hausse ou à une baisse de
3 fr.; mais on sera moins hardi pour jouer sur
des quotités énormes d'effets publics lorsqu'on
aura à craindre de voir, en cas de discussion,
ces marchés portés devant les tribunaux, publiés, annulés comme rentrant dans les termes
prohibitifs de nos codes, par l'appréciation des
circonstances de l'affaire, de la fortune appa-
rente, de la position sociale, de la solvabilité
des contractants[1]. Il faut bien, d'ailleurs, se résigner à subir ces inévitables inconvénients de
la plupart des institutions de crédit; ces conséquences d'un état de choses qui est le résultat,
non pas d'un système sagement conçu et mû-
rement combiné, mais des incidents et des exigences qui se manifestaient successivement
selon les circonstances et les variations de nos
usages et de notre régime financier. Avec le

---

[1] Divers jugements et arrêts, notamment : les arrêts de la
cour de cassation des 11 août 1824 (Forbin-Janson) et
12 janvier 1843 (de Villette); de la cour royale de Paris
des 18 février 1823 (Coutte), 11 juin 1834 (Bouzain); le jugement du tribunal civil de la Seine du 27 août 1839 (Fau-
verge) confirmé par la cour royale.

mode actuel de négociation et de liquidation
générale, tant qu'il ne s'élève aucune contestation, il serait impossible, à moins d'user de
mesures inquisitoriales, de distinguer nette-
ment les opérations de jeu des opérations
réelles; de constater si le marché a été réalisé
ou si le perdant a seulement payé son enjeu :
on ne pourrait même parvenir à le savoir. En
fait, c'est avec l'agent de change que l'on joue,
si ce n'est pas contre lui. J'achète ou je vends
à terme; la chance m'est contraire; mon agent
de change prélève le montant de ma perte sur
ma couverture dont il n'a donné aucun reçu :
comment l'en empêcher? comment même pourrait-on savoir et prouver que le marché s'est
résolu de cette manière? Si l'acheteur et le vendeur sont satisfaits de liquider ainsi, personne
ne portera plainte. Si l'un des deux exige la
livraison effective du titre, l'agent de change
pourra l'acheter ou le vendre à l'instant même
à la Bourse, en comblant la différence avec la
somme qu'il prélèvera sur la couverture du
perdant.

On est inévitablement renfermé dans ce

dilemme : ou prohiber d'une manière absolue tous marchés à terme, ou bien laisser l'agiotage s'exercer sous ce voile à ses risques et périls.

Adopter le premier parti serait se laisser dominer par un esprit de prévention excessif et porter atteinte à la juste liberté qu'il importe de laisser aux transactions régulières. Il ne faut pas, dans l'espoir peu fondé d'empêcher des joueurs avides de se ruiner, priver la Banque, le commerce, l'industrie et les particuliers, d'une ressource devenue presque indispensable dans le mouvement actuel des affaires.

Nous espérons d'ailleurs prouver bientôt que, s'il existe un moyen sûr et efficace de combattre le jeu et d'en réprimer les principaux abus, c'est bien moins d'apporter des restrictions à la liberté des marchés que de modifier l'institution si étrange du secret absolu imposé aux agents de change [1].

§ VIII. *Reports.* — Si l'on reconnaît les

---

[1] Voir pages 94 et suiv. ; 138 et suiv.

marchés à terme ferme, on ne peut se refuser
à admettre aussi les reports. Les adversaires
systématiques de la Bourse les condamnent
comme étant les auxiliaires du jeu ; comme
fournissant au joueur malheureux et obstiné
les moyens de prolonger son jeu et de con-
sommer sa ruine, dans l'espoir trop souvent
trompeur d'une revanche. Sans doute, en réalité, le report est un prêt sur gage ; mais il
n'apparaît et ne pourrait être considéré, même
en justice, que sous la forme d'un achat au
comptant, suivi d'une vente à terme ferme.
En fait, le premier marché semble complète-
ment exécuté ; l'effet vendu a été livré à l'é-
chéance et le prix en a été payé : le second
marché qui est passé entre le capitaliste reporteur et le spéculateur reporté, est un marché à terme ferme, que l'on ne peut blâmer si
l'on regarde comme licites les marchés de cette
nature. — On a vu que cette opération procu-
rait à beaucoup de capitalistes un emploi temporaire et utile de leurs fonds, en attendant un
autre emploi. Du reste, comme le report est
principalement la ressource des spéculateurs

hardis qui achètent des quotités d'effets dont
ils n'ont pas les moyens de payer la valeur, si
l'on parvenait à restreindre le jeu et les spéculations excessives, on verrait bientôt diminuer
dans une forte proportion le nombre et l'importance des reports.

§ IX. *Escompte.* — Au sujet des marchés à
terme, nous devons aussi traiter la question de
l'escompte. Cette faculté accordée à l'acheteur
d'exiger avant le terme fixé la livraison du titre
contre le payement effectif du prix, tend à ramener au système de la sincérité des transactions, puisqu'elle a souvent pour effet de convertir les marchés à terme en marchés au
comptant et d'en opérer l'exécution immédiate
et complète.

L'escompte a pourtant donné lieu à quelques
observations critiques. — Pourquoi accorder à
une seule des deux parties ce droit de devancer
l'échéance, et de se mettre ainsi, en réalisant
le bénéfice acquis, à l'abri des pertes que pourraient occasionner les fluctuations du cours
avant le terme fixé? C'est une des manœuvres
que les puissances de la Bourse emploient avec

succès pour déjouer les spéculations et influer
sur les cours dans le sens de leurs projets. Ne
serait-il pas plus juste que les conditions fussent
égales et que la faculté de l'escompte fût accordée aux deux parties? C'est ce qui se pratique en Angleterre et y donne lieu à ce que
l'on appelle l'*option*. — Ces observations, quelque justes qu'elles puissent être, ne nous font
pas renoncer à notre opinion. Nous nous préoc-
cupons très-peu de l'intérêt des joueurs. Nous
n'avons égard qu'à ces deux observations :
d'abord la crainte de l'escompte peut rendre
un peu moins téméraires les vendeurs à découvert; ensuite les escomptes réels n'influent
sur les cours que de la même manière que les
achats au comptant faits le même jour; quand
ce moyen est employé, il a pour effet d'amener
la hausse, et il contribue à soutenir le crédit. Quelle que soit l'inégalité des conditions
du marché dans lequel, d'ailleurs, l'acheteur
paye son avantage par une élévation du prix,
comme elles sont librement consenties de part
et d'autre, il n'y a ni dol ni injustice, et quand
l'opération est réelle, non simulée et ne pré-

8

sente aucun caractère illégal ou de pur jeu,
il n'y a pas lieu de restreindre, à cet égard, la
liberté des transactions. Nous pensons donc
que, si l'on autorise les marchés à terme ferme,
on doit admettre la faculté de l'escompte.

§ X. *Marchés à terme et à prime.* — Si les
questions de morale et d'utilité nous ont paru
délicates et difficiles à résoudre au sujet des
marchés à terme ferme, elles nous semblent
plus simples lorsqu'il s'agit des marchés à
prime. Ici, le caractère du jeu est manifeste ;
l'enjeu est mis sur table. Qui dit « prime », dans
le sens où ce mot est employé ici, dit nécessai-
ment « jeu ». En effet, ou ce marché se liquidera,
soit à l'escompte soit à l'échéance, par la livraison des titres et la levée de la prime, et dans ce
cas ce n'est qu'un marché ferme ; ou bien il se
résoudra par l'abandon de la prime, et alors ce
n'a été qu'un jeu où l'un perd et l'autre gagne
la somme déposée comme enjeu.

Mais pourquoi cette différence de position
faite aux deux parties ? A toute espèce de jeu,
du moins de jeu franc, les chances doivent être
égales ; elles le sont dans le marché ferme, ici

elles ne le sont pas. L'un des joueurs est lié, l'autre ne l'est pas ; l'un limite sa perte et peut faire un gain illimité, pour l'autre le gain est limité et la perte ne l'est pas, et le dernier est loin d'être dédommagé de ce désavantage par la légère augmentation du prix du marché à prime sur celui du marché ferme. Pourquoi cet avantage, ce privilége accordé à l'un des deux joueurs ? Cette amorce attire les petits joueurs qui se laissent séduire par l'appât de bénéfices considérables en ne risquant que la perte d'un faible enjeu. Ce système crée pour l'agiotage des complications nouvelles qui ouvrent aux habiles de savantes combinaisons. Selon que l'on joue à la hausse ou à la baisse, on achète ferme et l'on revend à l'instant à prime ; on achète à prime et l'on revend de même, soit à la même prime, soit à des primes différentes ou pour des quotités différentes d'effets, ou bien on fait ces mêmes opérations en sens inverse ; on active ainsi un jeu de plus en plus compliqué et dans lequel les profonds calculateurs ont nécessairement l'avantage[1]. Mais c'est surtout aux

[1] Les développements complets de tous ces jeux à terme

oligarques de la Bourse, aux compagnies financières organisées pour le jeu sur une grande
échelle, que ces combinaisons fournissent de
puissants moyens d'action. Possédant une
grande quantité de titres et des capitaux considérables, non-seulement ils peuvent, par les
moyens que nous venons d'indiquer, produire
les fluctuations de cours qui leur sont avantageuses: il leur est encore facile, aux approches
de la liquidation d'influencer momentanément
les cours dans le sens le plus favorable au succès de leurs opérations, soit en facilitant ou en
entravant les reports, soit en forçant les acheteurs à prime à lever leurs primes ou à en faire
l'abandon; aussi la *réponse des primes* est-elle
attendue à chaque liquidation avec une curiosité inquiète et produit-elle presque toujours

---

et à prime excéderaient les bornes de cet écrit, qui n'a
pour but que de traiter la question en thèse générale et de
plus haut. Mais ceux qui désireraient en connaître à fond les
combinaisons, en trouveront des explications précises dans
les ouvrages déjà indiqués (page 16), et particulièrement
dans ceux de M. Courtois (pages 25 à 29, 36 à 44), de
M. Calemard de la Fayette (pages 67 à 77 et 111 à 129), et
dans les almanachs de la Bourse, de 1856 à 1861.

sur les cours une assez puissante influence.

La loi ne doit point approuver, même par son silence, encore moins protéger de pareilles opérations, qui présentent d'une manière patente tous les caractères du jeu et du pari que réprouvent nos codes. En vain objecterait-on que les marchés à prime étant soumis à la faculté d'escompter, deviennent dès lors des marchés sérieux et sont complétement exécutés. Quand telle est l'intention des contractants, ils peuvent opérer sous la forme du marché à terme ferme, qui est aussi sujet à l'escompte. A quoi sert donc la prime si ce n'est à convertir le marché en opération de jeu facultative?

§ XI. *Arbitrages.* — Nous ne ferons aucune observation au sujet des arbitrages. Ainsi que nous l'avons expliqué[1], ce sont des opérations sérieuses, des spéculations qui n'ont aucun des caractères du jeu, qui se composent d'achats et de ventes réelles au comptant ou à terme ferme et qui, par conséquent, semblent parfaitement licites

§ XII. *Avances par la Banque de France sur*

[1] Page 70.

8.

dépôts d'effets publics.—Nous en avons dit assez[1]
pour faire ressortir l'inconvenance et les abus
de l'extension que l'on a donnée à cette mesure
et la nécessité d'en restreindre l'application
dans les bornes les plus étroites. Ce n'était pas
assez que l'administration favorisât par sa tolérance le jeu que défendaient nos lois ; elle auto-
risait notre premier établissement de crédit à
fournir des fonds aux joueurs aux conditions
les plus avantageuses. Dans une maison du
Palais-Royal, bien connue et honteusement cé-
lèbre il y a cinquante ans, on trouvait au premier
étage un salon de jeu, au second un prêteur
sur gages, au rez-de-chaussée un armurier : il
ne manque plus que l'armurier sur la place de
la Bourse.

§ XIII. *Agents de change; secret des négociations.*
— Abordons enfin la question qui nous paraît
la plus grave de toutes , celle du secret absolu
imposé aux agents de change, et que nous
avons signalée comme la source principale des
abus et des vices du régime actuel de la Bourse.

[1] Page 74 et suiv.

Plus un abus est révoltant, plus il trouve de défenseurs acharnés, et cela doit être, car il est onéreux et vexatoire pour le public précisément en raison du profit qu'en retirent ceux qui l'exploitent. Toute modification au dogme du secret absolu et inviolable des opérations de Bourse sera donc vivement repoussée ; il faut la motiver et la défendre avec une égale ténacité.

Cette étrange anomalie n'existe que pour les marchés de la Bourse. Dans aucune autre transaction civile ou commerciale, rien de pareil, même lorsque l'on est forcé d'employer le ministère d'un agent intermédiaire. Quoique traitant par l'entremise d'un notaire, tout acheteur connaît son vendeur, tout emprunteur connaît son prêteur, peut s'aboucher avec lui, et réciproquement. Leurs contrats sont consignés sur les registres publics de l'administration de l'enregistrement, dont les vérificateurs les compulsent et les examinent journellement, et personne ne recule devant cette publicité. Les parties contractantes se connaissent également et peuvent se mettre en présence pour la vente des marchandises par l'entremise d'un courtier, pour la négociation même des lettres de change par l'entremise d'un agent de change.

Pourquoi ces ténèbres répandues sur la négociation des effets publics? dira-t-on que le secret absolu est nécessité par les différences qui existent entre les effets publics et les autres natures de propriétés? mais quelles sont ces différences? Nous n'en voyons pas d'autres que la formalité d'un transfert authentique et spécial qui entraîne la nécessité de constater l'identité des personnes. Il n'y a là rien qui oblige à cacher avec tant de soin les noms de l'acheteur et du vendeur.

Nous répétons donc notre question : Pourquoi ce voile impénétrable jeté entre les parties contractantes pour l'achat et la vente des effets publics?

On ne se cache guère pour des actes licites, honnêtes, avouables. Mais nous avons déjà fait remarquer [1] combien de personnes pouvaient être intéressées à se cacher pour se livrer à un jeu qui est, quoi que l'on en dise, jusqu'à un

----

[1] Pages 94 et suiv.

certain point stigmatisé par l'opinion publique ;
à des opérations qui, si elles étaient connues,
porteraient atteinte à leur réputation, à leur
crédit, à leurs intérêts de famille, de fortune ou
d'ambition, et pourraient même parfois les exposer à de honteux soupçons. Sans répéter ici
ce que nous avons déjà dit à ce sujet, nous de-
manderons au plus indulgent de nos lecteurs,
s'il accepterait pour gendre un habitué de la
Bourse ; s'il confierait ses fonds à un notaire, à
un homme d'affaires, à un dépositaire quelconque qui serait connu pour se livrer au jeu de la
Bourse ; s'il accorderait confiance et crédit au négociant qu'il saurait être engagé dans ces opérations hasardeuses ; quelle opinion il aurait d'un
comptable, d'un homme haut placé, d'un grand
fonctionnaire, qui exploiteraient ainsi leur position sociale ou administrative, leur pouvoir et
les secrets de l'État ? Toutes ces personnes, si
elles se livrent aux manœuvres de Bourse, doivent désirer le secret absolu, afin de pouvoir en
toute sécurité jouir à la fois des profits du vice
et des honneurs de la bonne renommée. Ce secret, c'est l'agent de change qui le leur assure ;

il est le proxénète de leurs marchés ; c'est pour
garantir à ces aristocraties de l'agiotage l'im-
punité morale et le refuge de l'incognito que
les usages de la Bourse placent sur tous les vi-
sages ce masque officieux[1].

Nous disons « les usages de la Bourse », car
ce secret *absolu*, protecteur des mystères de
Bourse, n'est prescrit par aucune loi. Les lois
constitutives des 28 vendémiaire an IV et 28 ventôse an IX, ne contiennent aucune disposition
semblable. Les défenseurs du secret ne peuvent
invoquer en sa faveur que l'article 19 de l'arrêté
réglementaire du 27 prairial an X, et cet article
est ainsi conçu :

« Les agents de change devront garder le
« secret le plus inviolable aux personnes qui
« les auront chargés de négociations, à moins
« que les parties ne consentent à être nommées
« *ou que la nature des opérations ne l'exige.* »

Il y a donc des cas où ce secret peut ne pas
être gardé. Mais cet arrêté, que les agents de

---

[1] Voir les dépositions de M. Coin, syndic, dans le procès
Giblain. Décembre 1859.

change invoquent si hautement en faveur du secret, leur impose aussi d'autres obligations; il leur interdit sous des peines graves de faire aucune opération pour leur propre compte (article 10). Il leur prescrit de donner des reconnaissances des effets qui leur sont confiés (article 11). On sait si les agents de change de Paris exécutent ces dispositions si formelles de l'arrêté même qu'ils invoquent pour maintenir un secret encore plus absolu que celui qui est prescrit par cet arrêté. Est-il loisible de choisir ainsi dans un acte réglementaire un article qui vous convient et de rejeter ceux qui vous gênent?

Examinons toutefois cet arrêté invoqué avec tant de confiance; voyons ce que raisonnablement il signifie, et quel est le secret qu'il prescrit aux agents de change. Il le leur prescrit pour toutes les négociations dont ils peuvent être chargés, sans distinction, sans exception; par conséquent pour les négociations de lettres de change tout aussi bien que pour celles des effets publics. Or, dans les négociations de lettres de change, le secret entre le cédant et le cessionnaire est de toute impossibilité; le souscripteur et l'endosseur sont obligés de signer de leurs noms en toutes lettres; il est donc des négociations pour lesquelles l'arrêté n'a pas voulu le prescrire. Mais il peut y avoir intérêt pour le banquier, pour le négociant, à ce que sur la place on ne publie pas quelles sont ses opérations, ses spéculations, ses négociations, ses arbitrages. Il en est de même pour ceux qui emploient les effets publics qu'ils ont en portefeuille, afin de se procurer momentanément des fonds pour les besoins de leurs services[1]. Enfin, il est, dans certains cas, des convenances de famille, ou autres, qui peuvent faire désirer de ne pas laisser le public entrer dans la confidence des ventes ou des achats que l'on est obligé de faire. Voilà quelles sont les diverses considérations que l'auteur de l'arrêté de l'an X avait sans doute en vue lorsqu'il prescrivait aux agents de change, dans les termes que nous venons de citer, de ne point révéler au public les négociations opérées par

[1] Voyez page 123.

leur ministère. Mais ce secret ne peut être absolu à tel point qu'il ne soit pas constamment
loisible à la justice et à l'autorité administrative
de prendre connaissance des opérations des
officiers publics institués et imposés au public
par le gouvernement, toutes les fois que cette
manifestation peut être nécessaire ou utile,
soit sur les plaintes des individus, soit dans
l'intérêt de la justice et de l'exécution des lois [1].
Enfin, ce qu'un simple acte du pouvoir exécutif
a prescrit, un simple acte du même pouvoir suffirait pour le modifier.

Nous avons insisté sur ce sujet, parce que
là, nous ne saurions trop le répéter, là est la
source principale du vice et des abus contre
lesquels l'opinion publique s'est depuis longtemps si justement, si énergiquement sou-
levée. Faites pénétrer dans ces ténèbres seulement un rayon de lumière, et vous aurez plus
fait pour la purification de la Bourse que vous

---

[1] Voir l'arrêté même du 27 prairial an X, art. 11. « Ils
« sont tenus de représenter leurs registres et carnets aux
« juges et aux arbitres. »

ne pourriez faire par les règlements les plus sévères.

§ XIV. — Après toutes ces questions qui intéressent essentiellement le public, il en est une qui, pour n'avoir qu'une importance indirecte et spéciale, n'en mérite pas moins d'attirer la sollicitude de l'autorité.

Pour se procurer le capital d'environ 2 millions et demi qu'exige aujourd'hui l'exploiattion d'une charge d'agent de change, la plupart de ces titulaires ont pris en commandite des fonds de plusieurs personnes, à titre d'associés. Des actes d'association sont dressés pour former les sociétés de ce genre. Ces actes sont autorisés par le règlement, déposés au syndicat, qui en a même proposé et adopté un modèle; il y est mentionné que l'article 1325 du code civil leur est applicable; ils sont publiés dans les formes et délais prescrits par les articles 42 et suivants du code de commerce et peuvent être publiés au tribunal de commerce [1].

[1] Règlement général des agents de change, arrêté en assemblée générale les 12, 16 et 19 nov. 1832, titre 6.—Mo-

De pareilles sociétés sont indispensables dans l'organisation de la Bourse de Paris et dans le système actuel de négociation des effets publics. Mais elles donnent lieu à deux observations qui nous semblent assez graves pour nécessiter des dispositions réglementaires.

D'une part, on a abusé de cette faculté à tel point que ce n'est plus seulement en quatre ou huit parts que se divise le capital social; les charges sont devenues de véritables exploitations *en commandite par actions*, et le principe, le but de l'institution en sont, jusqu'à un certain point, viciés et faussés.

L'agent de change, comme officier ministériel, doit offrir au public non-seulement une garantie pécuniaire qui se trouve dans son cautionnement et dans le prix de sa charge,

---

dèle d'acte de société adopté de même dans les délibérations des 17, 22, 28 octobre et 18 novembre 1844.

Voir la note I à la fin de cet écrit.

Parmi les sociétés de ce genre nous n'en citerons que quelques unes qui ont été formées depuis 1856 et dont on trouve les annonces dans le journal *le Droit*. Ce sont celles de MM. Dubois, Norzy, Martini, Eggly, Laperche, constituées pour un capital qui varie de 2,425,000 à 2,600,000 fr.

mais encore une garantie morale, personnelle. La garantie pécuniaire peut être divisée ; mais la responsabilité morale, ce cachet d'officier ministériel exclusivement privilégié, qui doit commander la confiance, est indivisible et ne doit pas être affaiblie, altérée. Or, on ne peut se dissimuler qu'une division du capital social en portions relativement minimes n'atténue en proportion l'intérêt du titulaire dans la gestion, sa sollicitude, sa prudence, et partant la confiance qu'il doit inspirer. On se rappelle que les agents qui ont mal géré, ceux qui ont flétri leur nom, ruiné leur famille et porté atteinte à la considération de la corporation tout entière en raison de l'espèce de solidarité qui y existe, étaient des agents qui possédaient peu de fortune et qui géraient à l'aide de capitaux dont la presque totalité ne leur appartenait pas.

Cependant aucun règlement ne pose une limite à ce sujet ; il serait donc nécessaire que l'on déterminât un minimum de capital que l'agent titulaire serait tenu d'apporter et de conserver en participation dans la société, en fonds non prêtés et mis sous son nom, mais lui appartenant réellement et en propre, ce dont il devrait justifier devant le syndicat.

On pourrait, par exemple, fixer ce minimum au quart du montant de l'apport social : ce serait, au prix actuel des charges, un capital de 5 à 600,000 fr., et l'agent qui posséderait en propre une somme aussi importante serait plus circonspect, moins hardi pour la risquer dans des opérations illégales et aventureuses. — En vain objecterait-on qu'il y a peu d'individus qui possèdent un pareil capital disponible, et que cette condition rendrait l'accès du parquet impossible à des hommes capables, mais peu fortunés encore. Il ne manquera jamais de candidats pour les charges d'agent de change, et le talent nécessaire pour les exercer n'est pas aussi rare que le génie.

La seconde observation grave qui se présente au sujet de ces sociétés porte sur leur validité même et sur leurs effets légaux.

D'après le modèle adopté et les dispositions qu'il contient, les actes de société semblent tout à fait réguliers. Cependant les cours et

tribunaux ne sont nullement d'accord sur leur
caractère, sur leur validité, sur leurs effets
légaux.

Ces actes stipulent, « comme condition es-
« sentielle et de rigueur, que toutes difficultés
« qui pourront s'élever entre les parties sur
« l'exécution seront soumises à la décision ar-
« bitrale et souveraine du syndicat, laquelle
« sera irrévocable, et non sujette à appel, re-
« cours en cassation, requête civile ni pourvoi
« quelconque. »

D'après cette disposition, à laquelle les intéressés se gardaient de déroger, la plupart
des contestations qui se sont élevées entre eux
ont été ainsi jugées en comité secret et sans
publicité. Mais il est arrivé quelquefois, surtout depuis la promulgation de la loi du 17 juillet 1856[1], que des tiers, des créanciers dont
les intérêts se trouvaient compromis, ont porté
devant les tribunaux ordinaires leurs préten-
tions ou leurs plaintes. Alors sont intervenus
divers jugements et arrêts qui ont formé une

---

[1] Sur les sociétés en commandite par actions.

jurisprudence au moins obscure, parfois contradictoire, sur la nature et le caractère de ces actes, sur leur validité, sur leurs effets et même sur la compétence. Les uns reconnaissent implicitement la validité de l'acte de société; d'autres ne le considèrent que comme une société de fait; d'autres en prononcent la nullité; d'autres enfin évitent de le qualifier ou le considèrent comme un contrat innommé : de telle sorte qu'il n'existe aujourd'hui, en cette matière, ni doctrine et principes fixes, ni garantie pour le public; mais au contraire le danger de procès longs, incertains et dispendieux [1].

---

[1] On peut rechercher ces divers jugements et arrêts dans le recueil des arrêts de la cour de cassation et dans la collection du journal le *Droit* ou de la *Gazette des tribunaux*. Les plus importants sont cités et analysés dans l'ouvrage de M. Jeannotte-Bozérian, tome II, pages 8 à 36. — Nous ne citerons ici que les suivants : arrêt de la cour de Paris du 18 mars 1829. — Arrêt de la même cour, du 11 juillet 1836, affaire Bureaux. — Arrêt de la même cour, du 15 juin 1850, Delagrange contre Dubos. — Arrêt, cour de Lyon, 9 décembre 1850, confirmé en cassation, 15 décembre 1851. — Même Cour, 28 février 1853, confirmé en cassation : les syndics Mège contre les syndics Couvert. — Arrêt, cour de Paris, 11 mai 1860.

Voilà donc encore une de ces oppositions
que nous déplorons entre la loi et la jurisprudence d'une part, la pratique et l'usage admis,
consacré, approuvé, d'autre part. N'est-il pas
à désirer que, sur ce point aussi, il intervienne
une disposition claire et précise qui détermine
le caractère des sociétés de ce genre et fixe en
conséquence les droits de chacun, tant de
l'agent titulaire et de ses associés entre eux
que des tiers, et surtout des clients vis-à-vis
de l'agent et de ses associés?

Enfin, nous avons reconnu que, dans l'état
de choses actuel, les sociétés de ce genre
étaient indispensables et devaient être régulièrement autorisées; qu'elles avaient même
l'avantage de placer autour de l'agent titulaire
des surveillants intéressés à contrôler sa gestion. Mais il importe qu'il soit déclaré formellement et bien décidé : que ces contrats de
société ne peuvent en aucun cas porter préjudice aux droits des tiers, ni attribuer aux
sociétaires aucun privilége sur les créanciers
de l'agent titulaire. Ce principe, du reste, a
déjà été posé par quelques arrêts et notamment

par les arrêts de la cour de Paris des 11 juillet
1836 et 15 juin 1850 [1].

SECTION II. — **Recherche des moyens de réforme.**

En présence de tous les abus qui sont signalés et patents; lorsqu'une institution aussi
utile que celle de la Bourse est ainsi altérée,
corrompue et dénaturée au point de devenir
pour la société un danger et un scandale, le
gouvernement doit-il demeurer spectateur im-
passible de ces désordres, s'abstenir de toute
mesure répressive et paraître approuver, sinon même favoriser toutes les manœuvres des
aventuriers, des flibustiers de la finance? Personne, nous le croyons du moins, n'oserait
soutenir cette opinion, si ce n'est peut-être

---

[1] Arrêt du 11 juillet 1836 ; liquidation de l'agent de
change Bureaux. — Arrêt du 15 juin 1850 ; Dubos contre
Delagrange et divers commanditants. Toute la jurisprudence en cette matière est recueillie et discutée dans l'ouvrage de M. Jeannotte-Bozérian, tome II, pages 9 et suivantes.

9.

ceux qui vivent ou qui s'enrichissent de l'abus.
Encore les agents de change eux-mêmes ont-ils
plusieurs fois avec instances, et malheureusement sans succès, réclamé la promulgation du
règlement d'administration publique annoncé,
dès 1807, par l'article 90 du code de commerce, pour régir la négociation des effets
publics[1]. Dans un pareil état de choses, le
gouvernement ne semble pas pouvoir se dis-
penser d'intervenir.

Garant de la sécurité des transactions; responsable, jusqu'à un certain point, du moins
moralement, des agents spéciaux qu'il institue
et qu'il impose au public, il doit établir des
règles telles que les personnes qui ne font que
des opérations licites ne risquent pas d'être
trompées ou dépouillées par ces agents. Con-
servateur de la morale publique, il ne doit
point encourager, ni même tolérer la passion

---

[1] Mémoire présenté au ministre des finances en 1843
par la chambre syndicale — (Voyez page 16). — Les cours
et tribunaux en ont plusieurs fois reconnu, proclamé la
nécessité et l'urgence. Divers jugements et arrêts, notamment un arrêt de la cour de Paris du 11 mai 1860.

du jeu, surtout d'un jeu public où l'on ne sait même pas contre qui l'on joue et où l'on est exposé à avoir, sans s'en douter, pour adversaires des gens qui jouent à coup sûr. Gardien du crédit et de la foi publique, le gouvernement ne doit point tolérer un état de choses qui livre à quelques individus riches ou puissants le pouvoir d'opérer à leur gré des fluctuations dans le cours des effets publics. Enfin, défenseur de l'ordre social et des lois, il doit faire en sorte que la législation satisfasse à tous les besoins légitimes de la société, et veiller à ce que les lois ne soient ni violées ni éludées.

Mais comment opérer cette réforme réclamée de toutes parts?

Tous ceux qui, avec plus ou moins de franchise, ont cherché des remèdes à ces abus, n'ont indiqué que des palliatifs, des demi-mesures vagues et sans effet, ou des prohibitions générales et absolues qui dépasseraient le but et paralyseraient la plupart des affaires actuelles.

Citons seulement celles de ces propositions

qui ont eu le plus de publicité et qui ont été l'objet de discussions sérieuses.

§ Ier. — M. Alby, député, ancien agent de change, proposait, en décembre 1831, un projet de loi ayant pour objet de réglementer les négociations des effets publics, et notamment de décider : 1° Qu'un droit de timbre serait imposé sur tous les marchés de Bourse ; 2° Que les marchés à terme sur tous les effets publics seraient reconnus par la loi et affranchis des conditions imposées par les édits de 1774 à 1786 [1], pourvu que l'acheteur et le vendeur s'obligeassent l'un à payer le prix des effets, l'autre à les livrer à l'époque fixée par le marché [2].

La première mesure indiquée dans cette proposition a été adoptée par le gouvernement, au

[1] Ces édits prohibaient toutes ventes à terme des effets royaux et publics, à moins que le dépôt des effets ou de pièces constatant la libre propriété de ces effets ne fût fait au moment même et constaté par un acte dûment contrôlé. Ils annulaient tous marchés à terme conclus sans livraison ou dépôt réel. Ils fixaient en outre à deux mois le maximum du terme des marchés permis.

[2] Voyez le *Moniteur* de cette époque, 1831, 13 et 17 décembre.

moins en partie, pour les bordereaux ainsi que pour les actions industrielles et les obligations négociables [1], et l'expérience a prouvé, comme on devait le prévoir, qu'un impôt et un impôt aussi minime ne pouvait être un frein à la passion du jeu.

Quant à la seconde mesure proposée, elle ne pouvait avoir d'autre résultat réel que de légitimer tous les marchés à terme tels qu'ils existent maintenant, sans réprimer nullement le jeu ni aucun des abus auxquels ces marchés donnent lieu. En effet, dans tous les marchés à terme, l'acheteur et le vendeur s'obligent bien, l'un à payer le prix des effets, l'autre à les livrer à l'époque fixée par le marché ; mais rien ne les empêche de ne point exécuter cette obligation à l'échéance et de se contenter du simple payement de la différence par le perdant ; et comment le savoir toutes les fois qu'il n'y a point contestation et plainte en justice ?

La proposition de M. Alby fut prise en considération, mais ne donna lieu à aucun vote.

[1] Loi du 14 juin 1850, articles 13 à 32.

§ II. — Un autre député, M. Harlé, fit en 1832 une proposition plus explicite, plus étendue, et qui modifiait tout le système des négociations : il demandait une loi qui consacrât les dispositions suivantes :

1° Création d'une caisse centrale des agents de change pour recevoir le dépôt qui devrait y être fait par les vendeurs des titres à vendre, par les acheteurs des sommes approximativement nécessaires pour payer le prix des titres qu'ils voudraient acheter ; des récépissés devraient en être délivrés aux déposants.

L'opération conclue, le caissier remettrait directement les titres à l'acheteur et le prix au vendeur, prélèvement fait des courtages dus aux agents de change :

Le ministre des finances serait constitué responsable des opérations de cette caisse.

2° Sous ces conditions de dépôt préalable, tous les marchés à terme seraient reconnus réels et licites.

3° Des peines graves et correctionnelles seraient prononcées contre les agents de change qui, soit pour leur propre compte, soit pour le compte des clients, feraient des marchés à terme fictifs et se rendraient coupables du délit d'agiotage.

4° Des dispositions exceptionnelles étaient concédées pour le cas d'emprunt contracté par l'État ; la faculté était accordée dans ce cas aux adjudicataires de l'emprunt de créer et de négocier des *promesses d'inscription*, pourvu qu'elles fussent revêtues du visa du Trésor.

5° Une ordonnance devait déterminer et prescrire les mesures d'exécution [1].

Cette proposition devait soulever et souleva en effet des objections de tout genre.

Par plusieurs raisons qu'il nous suffira d'indiquer [2], l'établissement d'une caisse centrale de dépôts n'était pas possible, et l'eût-il été, la création de ce nouvel agent intermédiaire aurait entravé toutes les opérations. — Le jeu et le

---

[1] Voir *le Moniteur* de l'époque, février et décembre 1832, janvier 1833.

[2] On trouve les développements les plus complets et les plus précis à ce sujet dans les observations publiées alors par M. Vandermarq, syndic de la Compagnie. (Voir le mémoire présenté au ministre des finances par la chambre syndicale en 1843, page 274 et suiv., déjà cité plus haut.)

service de cette caisse auraient occasionné un
encombrement continuel, exigé un détail immense et une foule d'employés. Le temps même
aurait manqué pour recevoir chaque jour les
dépôts et en donner récépissé, ainsi que pour
effectuer les remises de titres et de payements.
C'était doubler les comptes et les écritures de
soixante agents de change, avec lesquels il aurait fallu entretenir des relations continuélles
et immédiates pour un nombre infini d'opérations compliquées et très-souvent fractionnées
entre plusieurs d'entre eux. — Quels embarras,
dans les cas assez fréquents où des ordres d'a-
chat ou de vente sont limités, retirés, exécutés
seulement en partie ! — Il n'aurait plus été loisible aux clients de donner leurs ordres aux
agents à la Bourse, même pour profiter des variations du moment. — La liquidation générale
actuelle, dont le mécanisme est réellement aussi
utile qu'ingénieux, devenait impossible. — Le
ministre des finances se refusait d'ailleurs à se
laisser imposer la responsabilité d'une caisse
qu'il ne pourrait que faire surveiller, mais qu'il
n'administrerait pas.

L'auteur de la proposition, dans son zèle pré-
ventif, allait plus loin que les anciens édits eux-
mêmes. Ceux de 1785 et 1786 n'exigeaient que
le dépôt des titres ; M. Harlé prescrivait en
outre le dépôt des fonds destinés à leur achat :
c'était immobiliser à la fois des titres et des
fonds qui cessaient d'être disponibles et productifs pendant toute la durée du marché à terme.

M. Harlé ne prétendait sans doute pas priver
les déposants de la liberté qu'ont tous les contractants d'annuler d'un commun accord leurs
marchés ; ils auraient donc pu dans ce cas retirer leurs dépôts ; dès lors ces dispositions pré-
ventives auraient pu être assez facilement éludées par les joueurs.

Sous ce régime, les reports devenaient très-
difficiles, sinon impossibles à réaliser avec la
promptitude nécessaire.

En interdisant aux agents de change, sous
des peines graves, tous marchés à terme *fictifs*,
il aurait fallu expliquer clairement ce que l'on
entendait par cette expression. On ne regardait
probablement pas comme *fictif* un marché par
cela seul qu'il aurait eu lieu sans dépôt préala-

ble, puisque M. Harlé lui-même proposait par
amendement de rendre le dépôt à la caisse centrale facultatif pour les clients. Qu'entendait-il
donc par les *marchés fictifs?* — Il en était de
même pour ce qu'il qualifiait de *délit d'agiotage,*
car rien n'était plus vague que ce mot *d'agiotage,*
qui change complétement de nature d'après les
définitions si diverses que chacun en donne
suivant ses idées ou ses intérêts.

On voit qu'un pareil système aurait apporté
aux spéculations, même les plus licites, des entraves et des lenteurs qu'elles ne peuvent sup-
porter, et qu'il aurait paralysé les négociations
en leur enlevant ce caractère de simplicité et
de célérité qui sont des conditions essentielles
pour soutenir le crédit public et activer le mouvement des affaires. Pour y échapper, les
joueurs auraient eu recours aux transactions
clandestines, et la *coulisse* aurait profité de la
clientèle que le parquet aurait perdue.

Après une longue discussion deux fois re-
prise, la proposition de M. Harlé, combattue
par le ministre des finances, fut rejetée par la
chambre des députés.

§ III. — Parlerons-nous d'une autre catégorie de réformateurs qui, considérant sans doute
la question sous un autre point de vue, propo-
saient de créer de nouvelles charges d'agents
de change? Pour combattre le culte de Baal, ils
voudraient augmenter le nombre de ses prêtres!
Mais plus vous aurez de desservants de ce
culte, plus il y aura d'apôtres intéressés à le
propager, à attirer le peuple crédule dans le
temple de l'idole.

Que l'on créât un certain nombre d'agents
spéciaux exclusivement chargés des opérations
de change, cela serait utile et convenable, puisque les agents de change ont négligé et
complétement abandonné aux *marrons* [1] le
change qui était le but fondamental de leur
institution ; mais pour la spéculation sur les
effets publics, créer de nouveaux agents au
même titre que les agents actuels serait agir

---

[1] On appelle agent ou courtier *marron* celui qui, sans titre officiel et par conséquent sans cautionnement, se fait
moyennant salaire entremetteur de transactions de Bourse,
de banque ou de commerce.

dans un sens tout opposé à la réforme que l'on doit désirer.

Que l'on crée vingt, quarante, soixante nouveaux agents de change, les charges actuelles perdront, par ce fait seul, une grande partie de leur valeur; les nouvelles en acquerront immédiatement une assez considérable; les nouveaux titulaires, en recevant ce cadeau, s'enrichiront de ce que perdront les anciens; le jeu, desservi par un plus grand nombre d'agents, n'en sera que plus actif et plus ardent. Voilà quels seraient les résultats de cette mesure prise à contre-sens de ce que dicterait la prudence, et qui semble ne pouvoir être conseillée que par les partisans des abus.

§ IV. — Est-il besoin de faire mention de quelques utopistes qui, dans des vues opposées, ont proposé les mesures les plus étranges? — Les uns voudraient une liberté absolue pour toutes les transactions, ou du moins que la profession d'agent de change fût, comme toutes les autres, libre et patentée ainsi qu'elle l'est à Francfort, à Berlin, à Vienne, en Hollande, et, jusqu'à un certain point, à Londres. — D'autres

proposent d'interdire toute opération de Bourse
aux individus au-dessous d'un certain âge. —
D'autres présentent, comme un moyen sûr de
tuer le jeu, une disposition qui prescrirait que
tout marché à terme devrait, pour être obligatoire, indiquer expressément le numéro d'inscription de la rente ou du titre qui serait l'objet
de la vente. — Des propositions aussi irréflé-
chies méritent-elles une discussion sérieuse? —
Écoutez les uns, il n'y aura plus de cours légal
officiellement constaté ; plus de police ni de sécurité pour les négociations; plus de garanties
pour les contractants quant à l'exécution de
leurs marchés, ni pour le Trésor qui doit constater l'identité des personnes qui signent les
transferts; ou du moins il faudra subir des formalités et des délais incompatibles avec la nature et l'urgence des opérations. — Une limite
d'âge exigée pour avoir le droit d'acheter ou de
vendre est une idée plus bizarre ; se figure-t-on
l'agent de change obligé de demander à un
client son acte de naissance et un certificat d'i-
dentité? — Quant à exiger la mention du numéro d'inscription de toute rente vendue à

terme, ce serait en effet un remède héroïque, car il tuerait d'un seul coup, non pas seulement le jeu, mais toutes les spéculations, même les plus réelles et les plus sincères. Pour quiconque a la moindre connaissance des négociations et des opérations de la Bourse, de pareilles propositions se réfutent elles-mêmes.

§ V. — Quant à nous, nous ne désirons rien de plus que de restreindre le jeu. Mais comment obtenir ce résultat sans dépasser le but, sans entraver les opérations licites et franches ?

Rappelons d'abord les principes du droit commun dans toute leur rigueur.

Dans les transactions et négociations, même en matière commerciale, toute opération, tout marché quelconque se consomme directement entre l'acheteur et le vendeur; l'agent ou courtier n'en est que l'intermédiaire employé pour trouver et indiquer à l'acheteur un vendeur, au vendeur un acheteur, à un prix convenu. Ainsi, Paul a 200 boucauts de café qu'il veut vendre à 110 fr. le quintal : le courtier lui cherche des acheteurs; il trouve à placer à ce prix 80 boucauts chez Pierre et 120 chez Jean; il en rend compte à Paul, qui livre à Pierre et à Jean les quantités par eux demandées et reçoit d'eux directement, au prix convenu, son payement soit en argent, soit en effets à terme. Si ces effets ne sont pas exactement payés à l'échéance, Paul poursuit les signataires ou les endosseurs : rien de plus juste et de plus régulier ; ainsi le prescrit le code de commerce, d'accord avec toutes les règles du bon sens et de la bonne foi.

On conçoit dès lors toutes les dispositions de ce code.

« Les courtiers ne sont que des agents inter-
« médiaires. »

« Il leur est interdit de faire aucune opération
« pour leur propre compte et de s'intéresser
« directement ou indirectement dans aucune
« entreprise commerciale. »

« Ils ne doivent ni recevoir ni payer pour le
« compte de leurs commettants ; par consé-
« quent ils ne doivent point avoir de caisse. »

« Ils ne peuvent se rendre garants de l'exé-
« cution des marchés dans lesquels ils s'entre-
« mettent. »

« En conséquence de ces dispositions ,

« comme ils ne doivent courir aucun risque et
« ne peuvent, dès lors, être exposés à faire
« faillite, ils sont, dans ce cas, poursuivis
« comme banqueroutiers[1]. »

Ces dispositions, quoique fort justes et logiques en principe, peuvent-elles être rigoureusement appliquées à la négociation des effets publics? Le but et le mode de cette négociation, la nature même de ces effets s'y opposent.

Les immenses développements qu'ont pris, surtout depuis trente ans, notre industrie, notre commerce, nos travaux publics, nos entreprises et nos spéculations de tout genre, nécessitent des capitaux énormes et une extrême mobilisation de ces capitaux. L'association, ce moyen d'action si puissant, seule ressource pour exécuter d'aussi vastes projets, l'association ne peut être obtenue qu'en garantissant aux capitaux une grande facilité de placement et de retrait, une réalisation toujours prête et prompte,

---

[1] Code de commerce, art. 74, 85, 86 et 89. Code pénal, art. 404.

sans formalités et sans délais. Il importe de conserver aux effets publics ce caractère et ces avantages, cette rapidité de circulation qui sont des éléments de crédit public, des conditions essentielles du mouvement des capitaux et de l'activité des affaires.

Pour les titres de la dette publique, autre difficulté. Il serait bien rarement possible de trouver immédiatement un acheteur ou un vendeur pour la somme exacte de rentes offerte ou demandée. La nécessité d'attendre que cette occasion se présentât entraînerait un retard indéfini dans l'exécution des ordres des clients, qui pourraient même se décider, dans l'intervalle, à modifier ou à révoquer leurs ordres, en raison des variations des cours : lenteurs, fractionnement excessif, confusion et incertitude dans l'exécution des opérations ! — Les formalités mêmes du transfert, qui doit être effectué en présence des agents du Trésor, deviendraient plus difficiles, ou chanceuses, s'il fallait que l'acheteur fût présent, l'argent en main, pour payer le vendeur au moment même où il signerait ce transfert.

Supposons que l'agent de change, portant
à la Bourse l'ordre de son client, d'un acheteur
par exemple, et y trouvant un vendeur, fût
obligé, avant de conclure, d'en référer à son
client, ou de mettre en rapport les deux contractants, et d'attendre pour conclure que tous
deux approuvassent le marché ; cela nécessite-
rait souvent un délai de deux ou trois jours :
pendant ce temps, la négociation resterait en
suspens, le cours des effets éprouverait des variations, l'un des contractants ne voudrait plus
accepter le marché aux mêmes conditions, etc.
Les négociations deviendraient aussi longues
que difficiles et incertaines.

Les principes absolus des transactions commerciales ordinaires ne peuvent donc être ap-
pliqués à la négociation des effets publics.

Peut-être serait-il possible de combiner et
d'organiser un système nouveau qui satisferait
aux exigences légitimes, en prévenant autant
que possible les abus. Mais pour cela il faudrait
refondre, reconstituer l'institution tout entière,
et l'on a vu que nous ne partagions ni les illusions, ni la présomptueuse assurance de ces ré-

formateurs absolus qui veulent faire d'abord et partout table rase pour faire ensuite plus librement l'essai des conceptions de leur génie. A notre avis, ce n'est jamais sans danger, sans occasionner de graves perturbations, que l'on rompt brusquement les relations, les habitudes d'une société, pour lui imposer des usages nouveaux qui changent certaines positions et blessent beaucoup d'intérêts. Il nous semble plus sage de chercher à améliorer le régime actuel en atténuant, autant que cela est possible maintenant, les abus qu'on ne pourrait réformer ou supprimer entièrement.

SECTION III. — Projets de réforme.

Dans le but que nous venons d'indiquer, voici les dispositions que nous soumettrions au jugement du public, surtout des hommes spéciaux, de bonne foi et désintéressés.

§ I. — Pour les effets de commerce et les lettres de change, il faudrait pourvoir à leur négociation régulière[1], puisque les agents de change actuels l'ont complétement abandonnée à des intermédiaires sans titre ni qualité. Il faudrait donc créer ou instituer de véritables agents de *change*, chargés spécialement et exclusivement des opérations de *change*. Cela est d'autant plus essentiel, que leur ministère est formellement prescrit pour certifier et valider tous les comptes de retour et pertes de change, dans les cas de protestation des effets de banque et de commerce[2].

§ II. — Pour la facilité, pour la rapidité des négociations d'effets publics, il est à désirer qu'elles continuent à s'effectuer suivant le mode actuel; que les marchés reconnus licites se traitent, se concluent, se liquident dans les formes qui sont en usage à la Bourse. Mais il faut que cela ait lieu du consentement de la loi; il faut mettre enfin un terme au scandale

[1] Code de commerce, art. 76. — Arrêté du 29 prairial, an X, et autres règlements sur cette matière. (Voir plus haut, pages 24, 99.)

[2] Code de commerce, art. 184 à 186.

d'une violation flagrante et autorisée de nos
codes.

« L'agent de change doit être autorisé à tenir
« une caisse, à opérer des recettes et des paye-
« ments, pour le compte de ses clients.

« Il doit être personnellement garant et res-
« ponsable envers eux de l'exécution des mar-
« chés conclus par son entremise.

« Il faut qu'il soit tenu expressément de
« donner à ses clients des récépissés des titres
« et des fonds qui lui sont remis pour les
« ventes et les achats dont il est chargé ; ces
« récépissés lui seront rendus au moment de la
« liquidation de l'opération.

« Il faut que le syndicat soit constitué, de
« plein droit, caution de ces récépissés. »

Ce serait encore une mesure aussi utile que
convenable d'exiger que, dans l'engagement
qu'il échange avec son client pour un marché à
terme, l'agent de change « nommât au moins
« celui de ses collègues avec lequel il aurait
« conclu l'opération. »

Rien de plus juste que ces mesures.

L'agent de change doit forcément être le ban-

10.

quier et le dépositaire des clients, puisqu'ils ne traitent qu'avec lui, ne connaissent que lui; il doit par conséquent être garant et responsable envers eux.

Il serait tyrannique de forcer les particuliers qui font des affaires sérieuses à rester, durant un temps plus ou moins long, dessaisis de leurs titres ou de leurs fonds sans reçu, sans garantie aucune, dans l'impossibilité de constater même le dépôt, puisqu'il leur est impossible de vérifier si leurs dépôts ou versements sont inscrits sur les livres secrets de l'agent.

Si l'agent de change fait de mauvaises affaires, s'il manque ou s'enfuit, que deviennent ceux qui lui ont remis leurs fonds ou leurs titres? qui ont à recevoir de lui des différences acquises? Souvent le prix de vente de la charge et les fonds de cautionnement n'ont pas suffi pour les désintéresser.

On nous dira peut-être que manifester de pareilles craintes, c'est faire injure aux agents de change, suspecter leur probité, et que la confiance dont le public leur donne chaque jour de nouvelles preuves repousse de pareils soup-

çons. Nous sommes bien loin de professer contre la compagnie des préventions d'injurieuse
méfiance; mais nous répondrons que devant les
lois et les règlements, tout le monde est en
suspicion sans que personne puisse s'en offen-
ser, et que d'ailleurs trop de catastrophes d'a-
gents de change sont venues depuis quarante ans consterner la Bourse de Paris, pour
que l'on ne doive pas prendre ces dangers en
grande considération.

Il semble donc indispensable de rendre le
syndicat de la compagnie caution des récépissés
des agents de change. On ne saurait supposer
qu'il s'y refusât. Seul il est chargé de surveiller
et d'inspecter leur gestion et leurs opérations;
il a le droit de se faire ouvrir leurs livres, leurs
carnets, leur mystérieuse comptabilité. Crain-
drait-il que, malgré sa surveillance, quelques
agents infidèles ne cherchassent à dérober à la
compagnie des sommes considérables au moyen
de reçus fictifs ou de quelque autre artifice? Ce
serait afficher des soupçons fâcheux pour l'honneur et le crédit du corps; mais alors il serait
plus qu'étrange que le syndicat prétendît forcer

le public à accorder à ces agents une confiance qu'il leur refuserait lui-même.

Nous ne réclamons d'ailleurs ces garanties qu'en faveur des clients qui font des opérations réelles et reconnues licites ; ils ne doivent pas être contraints à courir de pareils risques. Quant aux personnes qui placent des sommes importantes entre les mains des agents de change, soit comme couverture permanente et indéterminée, soit pour les faire valoir en reports indéfinis ou en opérations de jeu, nous ne nous en inquiétons point ; quiconque s'aventure sciemment et volontairement, le fait à ses risques et périls et ne peut s'en prendre qu'à lui-même s'il est dupe de sa confiance.

§ III. — Après avoir ainsi pourvu à la sécurité des clients, il faudrait déclarer quels seraient les marchés autorisés et protégés par la loi et ceux que la loi et la justice ne devraient ni reconnaître ni protéger.

« La négociation des effets publics et des au-
« tres valeurs et leur cote à la Bourse ne se-
« raient autorisées et admises qu'au comptant
« ou par des marchés à terme dont la durée ne

« pourrait excéder deux mois, et qui devraient
« se résoudre à l'échéance par la livraison ef-
« fective et le payement du prix des effets ou
« des valeurs, objets des marchés.

« Tous marchés libres ou à prime et tous au-
« tres du même genre, sous quelque dénomi-
« nation que ce fût, et tous marchés à terme
« qui ne s'exécuteraient pas à leur échéance
« par des livraisons effectives, seraient consi-
« dérés comme susceptibles de l'application de
« l'article 1965 du code civil, et comme tels ne
« pourraient être l'objet d'aucune action ou re-
« cours devant les tribunaux, sauf même l'ap-
« plication, lorsqu'il y aurait lieu, des articles
« 419 et 421 du code pénal.

« En conséquence, les marchés à prime ne
« seraient plus portés sur la cote officielle de
« la Bourse. »

Du moment où les marchés à terme ferme
seraient reconnus par la loi, il faudrait également reconnaître la nécessité de ce qu'on appelle la couverture[1]. En effet, il serait indispen-

---

[1] Voir page 56.

sable que dans le cas où un client de mauvaise
foi, se trouvant en perte, ne voudrait plus remplir son engagement, l'agent de change, devenant responsable de l'exécution du marché, eût
une garantie et ne fût pas réduit à recourir, en
pareille matière, à la longue et coûteuse juridiction des tribunaux. Il en résulterait d'ailleurs
cet avantage que l'on pourrait obliger l'agent
de change à donner pour le montant de cette
couverture un reçu qui serait rendu ou modifié
lors de la liquidation de l'opération.

Enfin les marchés à terme étant reconnus par
la loi, à la condition d'être sérieux et de se résoudre par une livraison et un payement effectifs, il n'y aurait plus de raison valable pour
limiter à certaines sommes fixes les quotités
d'effets pour lesquelles de pareils marchés peuvent être conclus[1]. Pourquoi ne déclarerait-on
pas que des marchés à terme ferme peuvent
être faits pour des quotités quelconques de
rente ou d'effets? cela serait plus logique, et
contribuerait, jusqu'à un certain point, à ôter à

---

[1] Voir pages 54 et 67.

ces marchés le caractère exclusif et si patent d'une combinaison de pur jeu ; tout au moins à entraver le jeu lui-même.

Nous espérons démontrer que, dans ce système, les marchés à terme étant autorisés et jouissant dorénavant de la protection de la justice, la véritable spéculation, la spéculation licite, n'éprouverait aucune gêne : il n'en résulterait quelques entraves que pour le pur jeu, pour l'agiotage à primes, et pour les artifices de tout genre qu'offrent ces combinaisons diverses dans le but de produire des fluctuations factices, de fausser les cours, et d'influer sur les liquidations au profit des joueurs.

§ IV. — Les facilités que la Banque de France offre aux joueurs par ses avances ou prêts sur dépôts d'effets publics doivent aussi attirer l'attention des réformateurs. Si la Banque, d'après ses statuts, ne peut pas supprimer les prêts de cette nature, qui sont fructueux pour elle et qui sont, dans certains cas, réellement utiles à la Banque et au commerce[1], il faudrait du

---

[1] Voir pages 74 et suiv.

moins qu'elle n'en fût pas prodigue au point de servir de croupier aux joueurs. Pour réprimer l'abus qu'ils font de ses libéralités , il suffirait de restreindre ces prêts, d'en rendre les conditions moins larges, moins généreuses envers les emprunteurs. On pourrait élever le taux de l'intérêt dont la Banque se contente aujourd'hui ; fixer, pour cette espèce de prêts, une durée obligatoire et dont le minimum et le maximum seraient déterminés de manière à ne pas s'accorder avec les époques des liquidations de Bourse ; interdire le renouvellement des prêts, au moins plusieurs fois de suite ; prescrire que la vente des effets déposés aurait lieu rigoureusement à l'époque de l'échéance des prêts, à défaut de remboursement à ce terme précis : ces mesures et d'autres, qu'une longue et profonde expérience suggérerait aux habiles administrateurs de la Banque , déconcerteraient les joueurs dans leurs calculs, dans leurs manœuvres, et diminueraient, dans une forte proportion, le nombre de ces opérations peu avantageuses pour la Banque et si fâcheuses par l'encouragement qu'elles donnent à l'agiotage et par les ressources qu'elles lui fournissent.

§ V. — Ce qu'il importe surtout d'attaquer et tout au moins de modifier, nous ne saurions trop le répéter, c'est le principe du secret absolu des opérations, source principale et féconde des abus, protecteur du vice et de tout ce qui craint la lumière. Si l'on a peur d'alarmer trop d'intérêts, de choquer trop de convenances en supprimant ce privilége de déguisement accordé aux joueurs de Bourse, il importe qu'en pareille matière, l'autorité soit du moins mise à l'abri de tout soupçon, même le plus injuste, et du reproche d'accorder protection et faveur à des actes que l'on n'ose pas avouer.

Il y aurait un moyen de faire pénétrer un demi-jour dans les ténèbres dont s'enveloppe le joueur timide ou honteux. Le gouvernement a jugé convenable d'établir un impôt, à titre de droit de mutation, sur tous les effets négociables. La rente sur l'État est exempte de cet impôt, hors des cas de mutation par décès ou donation : cela semble une anomalie[1]. Le droit

[1] En effet, les titres de rentes sur l'État sont soumis au

11

est perçu sous la forme d'un abonnement annuel, ce qui pourrait paraître logiquement con-
testable[1] : est-ce parce que l'on regardait comme
très-difficile la perception sur un aussi grand
nombre de mutations journalières? Il ne nous
semble nullement impossible d'opérer cette perception sans beaucoup de gêne, de formalités et
de frais. Supposons, par exemple, qu'on imposât
sur tous les effets publics, y compris les rentes
sur l'État, un droit de mutation très-minime,
facile à calculer au premier coup d'œil, tel que
tant par 10, 100 ou 1,000 francs de rente achetée
ou vendue au comptant ou à terme : l'agent de
change prélèverait ce droit, l'inscrirait en
marge de chaque marché sur ses livres, et en
verserait tous les quinze jours chez le receveur
de l'enregistrement le produit constaté par un

droit lorsqu'ils sont transmis par succession ou par donation (loi du 22 mai 1850, art. 7) ; pourquoi ne le seraient-
ils pas quand il y a mutation par négociation ou vente?

[1] Lois des 5 juin 1850 et 27 juin 1857. — Le titre qui,
dans les mains des spéculateurs, éprouve quinze, vingt mutations par année, ne paye pas plus de droits de mutation
que le titre classé qui reste toute l'année dans la même main
sans mutation.

bordereau certifié et signé. De là, nécessité de
faire effectuer de temps en temps par les vérificateurs et les inspecteurs de l'enregistrement
des relevés de contrôle sur les livres des agents
de change, comme cela a lieu sur les réper-
toires des notaires, dans les greffes des tribunaux, dans les bureaux même des ministères et
des administrations publiques, etc. Cet impôt,
quelque minime qu'il fût, donnerait encore un
produit de quelque importance ; il serait plus
équitablement, plus logiquement assis et ré-
parti. Mais son plus grand avantage serait de
donner aux agents du gouvernement le droit de
jeter les yeux sur les opérations des agents de
change. Comment ceux-ci oseraient-ils s'en
plaindre ? Il n'en résulterait pour eux aucune
gêne réelle. Quand les affaires, les intérêts, les
secrets même des familles contenus dans les
actes notariés et sous seing-privé, dans les
actes judiciaires, dans les contrats, dans les
partages, etc., passent sous les yeux des employés de l'enregistrement, de quel droit les
agents de change et leurs clients prétendraient-
ils soustraire à l'inspection de ces mêmes agents

leurs opérations traitées en pleine Bourse?
Cependant une pareille proposition soulèverait
parmi les hommes de Bourse üne opposition
très-vive. Oserait-on l'adopter, malgré leurs cla-
meurs? Quoi qu'il en soit, et dans tous les cas,
il est encore d'autres mesures qui concourraient
au même but.

§ VI. — « On pourrait interdire formellement
« aux dignitaires de l'État, aux fonctionnaires
« et agents du gouvernement à tous les degrés
« de la hiérarchie politique et administrative,
« de faire aucune opération ou spéculation *à*
« *terme* sur les effets publics. Les contreve-
« nants seraient passibles de peines discipli-
« naires prononcées et graduées par des or-
« donnances réglementaires, sans préjudice des
« amendes, dommages-intérêts et autres peines
« correctionnelles qui pourraient être encou-
« rues d'après la nature du marché ou les cir-
« constances de l'affaire. »

On ne saurait contester au gouvernement le
droit d'imposer cette obligation comme condition de l'admission aux dignités et aux fonctions publiques, et il n'y aurait pas assurément

de mesure plus politique, plus morale, et mieux accueillie par l'opinion. Ces fonctionnaires y gagneraient en considération, et ils ne pourraient même pas se plaindre d'être ainsi privés de tout moyen de prendre part aux affaires utiles, car ils demeureraient parfaitement libres de s'intéresser réellement aux entreprises sérieuses et de spéculer même sur les effets publics par des achats et des ventes au comptant.

§ VII. — Comme mesure d'ordre et de contrôle et, d'ailleurs, en exécution des règlements non abrogés [1] :

« Il serait prescrit de la manière la plus « formelle aux agents de change d'inscrire, « jour par jour, sur le livre qu'ils doivent tenir, « d'après l'article 84 du code de commerce, « toutes leurs opérations, en y énonçant exac- « tement, sans nul déguisement ni réserve, « ainsi que sur les récépissés qu'ils délivre- « raient, les noms et domiciles de leurs « clients. »

[1] Notamment de l'arrêté du 27 prairial an X, art. 11 et 12.

Cette obligation est souvent éludée par les
agents de change, à tel point que parfois,
comme nous l'avons déjà fait remarquer, ils ne
désignent sur leurs livres et carnets certains
clients que par de simples numéros d'ordre ou
sous des noms supposés [1].

« Toute inscription omise, toute indication
« des clients sous des dénominations vagues,
« fausses ou déguisées, seraient punies de
« peines disciplinaires, et rendraient, en ou-
« tre, l'agent de change personnellement res-
« ponsable des conséquences du marché et de
« tous dommages-intérêts envers les clients et
« autres personnes qui seraient fondées à s'en
« plaindre. »

§ VIII. — Si le secret était maintenu en principe, il ne devrait l'être du moins que dans les
mêmes termes qui ont été employés par les règlements anciens.

[1] Le fait a été constaté dans plusieurs procès et avoué par
le syndic lui-même devant la cour d'assises de la Seine,
dans le procès de Giblain, agent de change, en décembre
1859 ; dans le procès Féquant, trib. corr. de Paris, 1er août
1860 et quelques autres.

« Les agents de change devront garder le
« secret à leurs clients, à moins que ceux-ci ne
« consentent à être nommés, ou que la nature
« des opérations ne l'exige [1].

« Toutefois, ils seront tenus de donner com-
« munication de leurs livres, d'y laisser opérer
« les vérifications nécessaires, et même d'en dé-
« livrer des extraits certifiés par eux, sur ré-
« quisitions par écrit d'un ministre, d'un pro-
« cureur général, ou sur arrêts et jugements
« des cours et tribunaux. »

Cette dernière disposition serait une conséquence forcée, non-seulement des mesures
nouvelles qui viennent d'être indiquées, mais
même des règlements anciens et toujours en
vigueur.

Comment, sans ce droit de contrôle expressément réservé, s'assurer si les articles 84
et 85 du code de commerce, les articles 10,
11, 12 de l'arrêté du 27 prairial an X, sont
exécutés ?

Responsable, au moins moralement, des

---

[1] Arrêté du 27 prairial an X, art. 19.

agents qu'il nomme et dont il impose au public le ministère, le gouvernement doit absolument avoir le droit d'exercer sur leur gestion une sorte de surveillance, et ne peut s'en rapporter aveuglement sur ce point à un syndicat composé exclusivement de ces mêmes agents.

Le secret absolu défendu avec tant d'opiniâtreté par les agents de change, ne peut, ne doit pas être respecté lorsque la justice ou l'autorité ont besoin de documents qui ne peuvent se trouver que sur les livres ou les carnets de ces agents. Un comptable, un officier public, un fonctionnaire, sont soupçonnés ou accusés d'abuser, pour jouer à la Bourse, l'un des deniers publics, l'autre de sa position ou des secrets qui lui sont confiés : on conteste devant les tribunaux la sincérité d'un marché, son caractère, ses conséquences, la capacité des contractants : il faut absolument que le gouvernement, que la justice puissent être éclairés, et que le voile officieux qui cache souvent tant d'abus et de turpitudes tombe du moins devant leurs yeux.

§ IX. — Ces diverses mesures ou toutes

autres du même genre, auraient encore des
résultats avantageux sous d'autres rapports.
— Elles fermeraient la bouche à la malveillance
qui, toujours disposée au soupçon, déclare et
signale l'autorité comme coupable d'un acte
répréhensible, par cela seul que cet acte est
possible, et qu'un secret inviolable permet
d'éluder impunément la défense. — La possibilité seule de cette demi-publicité, la crainte
de voir leurs noms révélés en cas de contestations ou de recherches par la production des
livres et des récépissés des agents de change,
pourraient arrêter les joueurs honteux et devenir un frein pour les téméraires qui, ne calculant que les différences, n'hésitent pas à
jouer sur des quotités d'effets publics hors de
toute proportion avec leurs ressources. Ils se
résigneraient peut-être à restreindre leur jeu et
à n'opérer du moins que sur des quotités plus
modestes, s'ils risquaient de voir, à la moindre
contestation, les tribunaux saisis de l'affaire
discuter leurs marchés, en apprécier la nature,
le vrai caractère et la sincérité, d'après leur
position, leur solvabilité et leurs ressources

11.

notoires pour livrer les titres ou en payer le prix [1].

§ X. — Sans doute il est à regretter de ne pouvoir réprimer entièrement de funestes abus ; mais il nous semble plus fâcheux encore de faire prononcer par la loi des condamnations et des peines qui demeurent vaines et impuissantes, par la difficulté d'atteindre les actes qu'elle condamne. C'est par ce motif qu'il nous paraîtrait convenable de ne prononcer, au sujet des marchés que la loi considère comme illicites, qu'une réprobation authentique, sans y ajouter une sanction pénale contre les contractants. Mais, si la loi se borne à cette manifestation envers ceux qui se livrent à des actes de cette nature, elle a le droit de se montrer plus sévère envers les officiers publics privilégiés et institués par elle, quand ils prêtent leur ministère à des opérations qu'elle blâme. « On « pourrait prononcer une peine d'amende, « même de suspension à temps, en cas de ré-

---

[1] On trouve des exemples de cette juste appréciation dans plusieurs jugements et arrêts tant anciens que récents.

« cidive, contre tout agent de change qui se-
« rait convaincu d'avoir servi d'intermédiaire
« dans un marché à prime ou dans tout autre
« marché non reconnu et avoué par la loi. »
Cette disposition fournirait un motif de plus
pour faire effectuer de temps à autre une inspection ou vérification sur les livres des agents
de change.

§ XI. — Subsidiairement, ne serait-il pas
nécessaire de légaliser, de réglementer les sociétés formées pour l'obtention et l'exercice
des charges d'agents de change? Dans l'intérêt
de ces agents, autant que dans l'intérêt du
public et des clients, il serait nécessaire que la
nature, la forme et le caractère de ces actes,
de ce genre de société tout spécial, fussent déterminés d'une manière positive et précise, pour
qu'ils ne pussent plus être méconnus ou ap-
préciés diversement et arbitrairement par les
tribunaux [1].

Sur cette matière, qui peut présenter des
questions complexes de compétence et de juri-

---

[1] Voir plus haut, page 151.

diction, il serait à propos de prendre l'avis de magistrats et de jurisconsultes habiles.

§ XII. — Aux dispositions restrictives et pénales que nous venons d'indiquer, il semblerait essentiel d'en ajouter une pour prévenir dorénavant certains actes de justice qui, pour être tels, n'en ont pas moins été la cause de véritables scandales.

Les tribunaux ont été souvent appelés à prononcer sur des réclamations d'agents de change contre des clients qui refusaient de remplir leurs engagements, en alléguant la nullité des marchés en vertu des dispositions légales contre le jeu et le pari. Qu'arrivait-il alors? L'agent de change amenait devant la justice un client qui refusait de payer sa dette ; le client répondait effrontément devant le tribunal : « Je re- « connais ma signature, je ne nie point mon « engagement ; mais ce n'était qu'un jeu ou « un pari que les lois déclarent nuls, et par « conséquent, quoique j'aie perdu, je ne dois « rien. »

Obligés de statuer sur l'exception ainsi invoquée, les juges, déclarant le marché nul, refu-

saient à l'agent de change toute action contre
son client, et ce client, qui venait de proclamer
lui-même impudemment sa mauvaise foi, sor-
tait du débat vainqueur et déchargé de sa
dette[1] !

Ces arrêts étaient justes, puisqu'ils étaient
conformes aux dispositions des lois ; mais ils

---

[1] Il existe un assez grand nombre d'arrêts semblables :
nous n'en citerons ici que quelques-uns qui ont eu un
grand retentissement :

Arrêts de la cour de Paris du 18 février 1823, confirmé
en cassation le 11 août 1824 ; Augé, Sandrié et Mussard
C. Coutte ; — du 9 août 1823, confirmé en cassation le
11 août 1824 ; Perdonnet C. Forbin-Janson ; — du 14 mars
1842, confirmé en cassation le 12 janvier 1843, Bagieu
C. de Villette.

Beaucoup d'arrêts postérieurs rendus jusqu'à ce jour
n'offrent qu'une différence ; c'est que depuis 1849, il
s'est établi une jurisprudence qui modifiait un peu la rigueur d'un principe trop absolu. Les juges exerçaient le
droit d'apprécier, d'après les facultés du vendeur et de
l'acheteur, si les opérations avaient ou n'avaient pas le caractère du jeu ou du pari, et admettaient ou rejetaient en
conséquence l'exception opposée par le débiteur.

Presque tous les arrêts cités plus haut étaient fondés sur
les arrêts du conseil de 1785 et de 1786 ; sur les lois des
8 mai 1791 et 28 vendémiaire an IV et sur les divers arrêtés
et articles de nos codes cités dans le cours de cet écrit.

n'étaient assurément conformes ni à l'équité,
ni à la morale. Ce spectacle de l'improbité
triomphant devant la justice était un véritable
scandale et, en même temps, un encouragement pour les joueurs aventureux et sans
probité.

Il serait juste et désirable que dans tout
procès de ce genre, où la justice annulerait un
marché comme ayant le caractère du jeu et du
pari, le ministère public, à défaut d'autre plai-
gnant, intervînt d'office pour faire traduire en
police correctionnelle le client et l'agent de
change, le premier comme coupable du délit
prévu par les articles 421 et 422 du code pénal,
et le second comme complice du même délit.

Cela ne serait que juste et logique, car tous
deux sont sciemment coupables, et il semble
inique que celui qu'on qualifie de complice soit
seul châtié, et que le principal coupable, celui
qui aurait recueilli le bénéfice du délit, reste
impuni et soit même exempté de payer ce qu'il
doit, ce qu'il dérobe à l'agent son complice.

Quelques exemples de cette justice distri-
butive ont été d'ailleurs déjà donnés, et l'on

peut citer entre autres l'arrêt correctionnel
rendu par la cour de Paris le 14 mars 1842 et
confirmé en cassation le 12 janvier 1843, dans
l'affaire de Bagieu contre de Villette.

Sur l'intervention du ministère public, la
justice correctionnelle condamna à une forte
amende le débiteur ainsi libéré et l'agent de
change comme complice, pour le délit prévu
par les articles 421 et 422 du code pénal.

§ XIII. — Enfin, sous quelles formes les
dispositions que le gouvernement adopterait
devraient-elles être conçues et rédigées? En
général, toute disposition pénale doit être pro-
noncée par la loi. Il est à remarquer cependant
que, dans cette matière toute spéciale, il existe
une disposition particulière et exceptionnelle :
c'est l'article 90 du code de commerce. Cet
article est ainsi conçu : « Il sera pourvu, par
« des règlements d'administration publique,
« à tout ce qui est relatif à la négociation
« et transmission de propriété des effets pu-
« blics. » Des termes aussi généraux n'ont-ils
pas pour conséquence nécessaire de donner
au gouvernement le droit d'assurer par des

peines, tout au moins par des peines disciplinaires, la stricte exécution des règles qu'il impose? Il serait d'ailleurs facile d'insérer dans
le code une disposition portant que « toutes les
« contraventions au règlement d'administration
« publique rendu en exécution de l'article 90
« du code de commerce, qui seraient commises
« par les agents de change, seraient punies
« d'amendes qui ne pourraient être moindres
« de...... ni excéder....., et de plus, en cas de
« récidive, d'une suspension de..... au moins,
« et de....... mois au plus. » On laisserait
ainsi aux tribunaux une grande latitude pour
graduer les peines selon la gravité des contraventions, l'importance des opérations et, par
conséquent, du bénéfice que le contrevenant
en attendait.

SECTION IV. — Des négociations illégales.

Dans la discussion générale, nous n'avons
parlé que du jeu patent, avoué, que l'autorité
connaît et laisse exercer en toute liberté. Il

faut encore dire quelques mots du jeu honteux, du jeu qui se cachait et qui n'en était que plus dangereux, parce que personne, pas même les agents de change, ne surveillait ce qui se passait dans le parquet de l'agiotage démocratique. On voit que nous voulons parler de la coulisse et des courtiers marrons; des spéculateurs et agents libres qui opéraient les uns sur la rente, les autres sur les actions industrielles.

Quoique la coulisse ait été récemment immolée aux intérêts et à la jalousie des agents de change, il faut bien en parler, d'abord parce que le parquet ne l'a fait supprimer que pour se substituer à elle et s'emparer de sa clientèle et de ses opérations; ensuite parce qu'il est probable qu'elle renaîtra tôt ou tard, sous une forme ou sous une autre. Il en est de certains abus comme de certaines herbes qui repoussent toujours, même après qu'on les a sarclées et arrachées.

Dans cet antre du jeu libre, sans règles et sans frein, point de contrôle, point de responsabilité. Il ne s'y faisait aucune opération sérieuse, tout était de pur jeu; excepté lorsque

parfois quelque joueur épuisé était forcé de livrer des titres pour payer ses pertes et que les
agents de change, devenus par intérêt fort to-
lérants, consentaient à accueillir et à faciliter
les compensations de la coulisse.

Là on se livrait tous les jours à des opérations illégales, prohibées, et auxquelles il est
interdit aux agents de change de prêter leur
ministère.

On y traitait des marchés *à prime pour rece-*
voir, dans lesquels, contrairement aux usages
du parquet, l'acheteur seul est engagé, tandis
que le vendeur peut limiter sa perte en abandonnant la prime.

On y stipulait à volonté que les marchés ne
seraient point soumis à la faculté de l'escompte,
et il le fallait bien, lorsque le vendeur n'avait
point de titres et que l'acheteur ne voulait ou
ne pouvait pas en acquérir.

On y faisait des opérations à terme pour
trois, quatre, même cinq ou six mois : — des
marchés à prime pour quatre, trois ou deux
jours ; du jour au lendemain ; même pour la
durée de la Bourse du jour ; pour quatre, trois,

deux heures, avec des primes de 10, de 20, de 25 centimes.

On y négociait les titres et les valeurs non admises aux opérations du parquet et à la cote officielle.

Les coulissiers avaient des réunions où ils faisaient des affaires avant et après la Bourse, même les jours où la Bourse était fermée.

Les agents coulissiers ne prélevaient qu'un courtage très-faible, bien inférieur à celui qu'exigeaient les agents de change.

Comme cette Bourse de contrebande offrait toutes les facilités possibles pour prendre part au jeu avec les plus faibles ressources, les gens les moins fortunés, les artisans et les ouvriers eux-mêmes allaient y risquer leurs épargnes et s'y livrer à cette passion qui infectait ainsi de plus en plus les classes laborieuses elles-mêmes et les précipitait dans la misère. — Les capitalistes aussi, attirés par le double avantage de pouvoir faire des opérations interdites à la Bourse et de payer un courtage beaucoup plus modéré, préféraient s'adresser aux agents interlopes.

C'est ainsi que l'on voyait se traiter par la
coulisse et par les courtiers marrons un nombre d'affaires très-considérable, et dont les liquidations entraînaient souvent des résultats déplorables.

Les agents de change avaient déjà réclamé
plusieurs fois auprès de l'administration pour
qu'elle réprimât cette usurpation de leurs privi-
léges ; mais plus tard, le jeu devenant de jour
en jour plus ardent, ils avaient senti que
soixante titulaires pourraient bientôt ne plus
suffire pour le nombre toujours croissant des
affaires, et alors, plutôt que de consentir à la
création de charges nouvelles, ils avaient pris
le parti d'entrer en arrangement, de composer
avec l'abus. Ils abandonnaient les opérations
de peu d'importance à la coulisse, dont ils employaient même parfois les services, et ils se
prêtaient à seconder au besoin leurs opérations, à accepter leurs compensations. Ces
rapports de tolérance, on pourrait même dire
de complicité, des agents de change avec la
coulisse, n'étaient pas sans danger, même
pour la compagnie, et ont contribué à entraî-

ner la ruine de plusieurs agents de change[1].

On s'étonnait de voir qu'en présence de pareils désordres, d'une violation aussi patente
non-seulement des lois, mais même des règlements ; à la vue du scandale et des malheurs
qui en résultaient, la police se montrât plus
qu'indulgente et que l'autorité ne se décidât
pas à y mettre enfin un terme.

Elle n'ignorait point ces abus, car tous les
jours, auprès de la Bourse instituée par la loi,
se tenait publiquement la Bourse irrégulière,
dont les agents faisaient entendre tout haut, en
présence des agents légaux et de la police,
leurs offres d'effets à tels cours: « des Mouzaïas
« à tant, des Lins à tant, des Docks à tel
« prix, etc. »

La législation était formelle et précise : elle
interdisait sous des peines assez graves à tout
indivivu de s'immiscer, sous quelque prétexte
que ce fût, dans les fonctions attribuées exclusivement par la loi aux agents de change, et

---

[1] Mémoire des agents de change, — février 1843 : page
102 du mémoire et 367 et suivantes de l'appendice.

déclarait nulles les opérations qui seraient faites par des intermédiaires sans qualité[1].

Mais, tout en reconnaissant que les lois prohibitives étaient toujours en vigueur, on prétendait qu'il n'était pas possible de les exécuter. Qu'il nous soit permis de le dire, cela n'était impossible que parce qu'on ne le voulait pas sincèrement, énergiquement.

Quoi! il était impossible de prendre en flagrant délit des gens qui venaient tous les jours, en pleine Bourse, sous les yeux de vos agents, offrir à haute voix des effets publics à vendre à tel prix! il était impossible de dissoudre, de disperser un rassemblement d'individus qui s'étaient emparés d'une portion de la salle même de la Bourse, et venaient chaque jour s'y installer comme de droit exclusif, pour y tenir, de leur propre autorité, une Bourse rivale et une industrie que la loi réprouvait! une certaine classe de personnes tenait en plein jour, en

[1] Arrêt du conseil du 26 novembre 1784, art. 13. — Loi du 28 ventôse an IX, art. 7 et 8. — Arrêté du 27 prairial an X, art. 4 à 7. — Ordonnances de police du 14 avril 1819 et du 24 janvier 1823.

plein air, sur la voie publique, des réunions
illégales pour s'y livrer patemment à des opérations prohibées, et il était impossible de
constater cette contravention et de la réprimer!
— Non assurément; rien n'était au contraire
plus possible, et il ne s'agissait que de le vouloir. Dès que l'autorité aurait traduit devant
les tribunaux quelques-uns de ces contreve-
nants et les aurait fait condamner aux peines
prononcées par la loi, surtout à de fortes amendes, espèce de châtiment auquel les hommes
d'argent sont le plus sensibles, on n'aurait
guère tardé à voir la coulisse disparaître et les
agents de contrebande se cacher. — Quand on
n'aurait fait qu'interdire, sous des peines disciplinaires, aux agents de change de pactiser
avec ces hommes, de se prêter à faciliter leurs
compensations et leurs liquidations, surtout
de les employer comme agents inférieurs,
comme remisiers[1], on aurait apporté beaucoup
d'entraves au courtage illicite.

Quoi qu'il en soit, l'administration paraissait

---

[1] On appelle ainsi un individu que les agents emploient

se préoccuper fort peu de cet état de choses,
et s'était bornée à quelques démonstrations
vagues auxquelles elle n'avait donné aucune
suite.

Mais l'attrait de ce jeu si facile, si prompt et
accessible aux plus petits capitaux, et en outre
l'avantage d'un courtage plus modéré, augmen-
taient tellement le nombre des joueurs clients
de la coulisse, que les agents de change,
voyant diminuer progressivement l'importance
de leurs opérations, se déterminèrent à prendre
un parti décisif. Ils traduisirent devant les tribunaux correctionnels les usurpateurs de leurs
fonctions et de leurs bénéfices. Chacun de nous
se rappelle tout ce que les débats de ce procès,
fameux dans les fastes de la finance, révélèrent
d'abus, de désordres et de scandales[1]. Les
coulissiers furent condamnés; ils devaient
l'être, et les condamnations furent assez sévères pour que ces agents illégaux cessassent

---

pour aller à la recherche des affaires, découvrir et amener
des clients, et auquel une remise est allouée pour ce service.

[1] Voir les détails de ce procès et les jugements correctionnels et arrêts en juin et en juillet 1859.

d'exercer leur industrie de contrebande. On avait donc du moins réprimé cet abus, et il était démontré que cette répression n'était pas impossible.

Mais ce que les agents de change voulaient, ce n'était pas un triomphe stérile, encore moins la répression du jeu : ils voulaient accaparer et exploiter eux-mêmes à leur profit les affaires qui se traitaient dans la coulisse. Ils proposèrent à leurs adversaires une paix, sinon très-honorable, au moins fructueuse, et calculée de manière à ménager les intérêts rivaux : elle consistait à s'associer pour exploiter ensemble le public joueur.

Cette transaction a été acceptée; un décret du 13 octobre 1859 et un règlement de la chambre syndicale, rédigé en exécution de ce décret, en ont fixé les bases et déterminé les conditions.

Les principales dispositions de ce nouveau code des négociations sont les suivantes[1] :

« Chaque agent de change peut s'adjoindre

[1] Quelques-unes de ces dispositions ne sont que la re-

12

« deux commis principaux, qui n'agiront qu'au
« nom, pour le compte et sous la responsa-
« bilité de leur patron.

« Le courtage est réduit de moitié pour la
« négociation de toutes les valeurs, et de un
« cinquième pour les opérations à terme sur
« les rentes françaises.

« Le minimum des bordereaux est abaissé
« d'un tiers.

« On pourra négocier par quinzaine des
« primes de 5 francs, comme de 10 francs et
« de 20 francs sur les actions.

« On admet sur les rentes des primes dont
« 25 centimes et dont 10 centimes pour le
« lendemain, dans les mêmes conditions que
« le faisait la coulisse.

« Le minimum des variations des cours de
« la rente est abaissé de 5 centimes à 2 cen-
« times et demi.

« La liquidation de quinzaine est suppri-
« mée, sauf à ne régler qu'à la fin du mois.

mise en vigueur des art. 27 et 28 de l'arrêté du 27 prairial
an X, avec quelques modifications ; et même de la déclaration royale du 19 mars 1786 et de l'arrêt du conseil du
10 septembre suivant sur les commis courtiers.

« Les commis principaux pourront, pendant
« deux heures encore après la clôture du
« parquet, continuer à traiter des affaires si-
« multanément avec leurs patrons. »

Quelles seront les conséquences de ces dispositions nouvelles ?

Les agents de change ont habilement ma-
nœuvré. En se faisant donner des adjudants
qu'ils choisissent parmi les coulissiers les plus
accrédités et les plus habiles, et en absorbant
ainsi la coulisse, qui se trouve fondue dans le
parquet, ils se sont délivrés d'une concurrence
active, envahissante, et en même temps ils ont
paré le coup dont ils étaient menacés, la création de nouvelles charges. Il y aura désormais
cent vingt ou cent quatre-vingts agents au
lieu de soixante, au service des spéculateurs et
aussi des joueurs. Est-ce un moyen de réprimer la passion du jeu ?

La diminution du courtage peut être un
bienfait et en même temps un mal : le rentier,
le spéculateur, payeront moins cher, tant
mieux ; mais on pourra aussi jouer et agioter à
meilleur marché.

Les primes sont désormais non-seulement autorisées officiellement, mais abaissées, sur les actions jusqu'à 5 francs par quinzaine, et sur les rentes jusqu'à 25 et même 10 centimes du jour au lendemain! On sait, et nous l'avons déjà dit, ce que sont les marchés à primes[1]; cette mesure ouvre évidemment une facilité de plus aux amateurs de cette espèce de gageure, qui n'oseraient pas s'exposer à des pertes trop fortes. Si, dans les banques d'Allemagne, où l'on ne permet de mettre au jeu que des écus, on permettait d'y mettre des pièces de vingt sous, on ne pourrait voir dans cette concession qu'un encouragement au jeu, une provocation adressée aux petits joueurs.

La durée des négociations d'effets publics à la Bourse est prolongée de deux heures; mais pendant ces deux heures le cours de ces effets ne pourra pas être crié. Est-ce là une garantie de plus pour les clients?

Quant à la suppression de la liquidation par quinzaine, elle semble avoir peu d'impor-

oyez pages 54 et suiv., 134 et suiv.

tance, puisque l'on permet le jeu des primes par quinzaine, sauf à régler en fin de mois.

Enfin, il n'est fait aucune mention des diverses opérations libres qui étaient usitées dans la coulisse, ni des négociations qui sont interdites aux agents de change[1]. Ces négociations seront-elles dorénavant permises au parquet, comme elles avaient lieu dans la coulisse? Ce serait la source de grands dangers et de beaucoup de désordres. Seront-elles interdites, sous des peines sévères, aux agents de change et à leurs commis? Alors, il se formera bientôt quelque part une coulisse nouvelle pour satisfaire les amateurs de cette espèce de jeu.

En résumé, n'y a-t-il pas lieu de craindre que les dispositions récentes, loin de restreindre

---

[1] Marchés à prime pour recevoir;

Marchés dans lesquels l'escompte n'est pas admis;

Marchés à prime pour plusieurs mois;

Marchés à prime pour la durée de la Bourse du jour;

Négociation des titres des entreprises ou compagnies non encore acceptées ou reconnues par le parquet, et de titres ou valeurs non admis à la cote officielle.

Négociations de promesses d'actions.

12.

les abus et de réprimer la passion du jeu, ne donnent au contraire des facilités nouvelles et un nouvel aliment à cette passion aussi démoralisante que funeste?

———

QUATRIÈME PARTIE

DES COMPAGNIES ET ENTREPRISES PAR ACTIONS.

Nous n'accomplirions pas entièrement la tâche que nous avons entreprise, si nous n'ajoutions pas à nos observations sur les opérations de Bourse quelques réflexions au sujet des compagnies et des entreprises par actions, dont l'abus est devenu une des calamités de notre époque.

L'esprit d'association est un des moyens d'action les plus puissants. Ce que plusieurs grands capitalistes ne pourraient pas faire, même en associant leurs moyens et leurs efforts, quelques centaines, au besoin quelques milliers de petits actionnaires l'exécuteront facilement en mettant en commun leurs modestes apports. C'est à cette ressource inépuisable que l'Angleterre doit tant d'utiles et magnifiques établissements qui y ont été créés, sans que le gouvernement ait été obligé de faire le moindre sacrifice, d'accorder la moindre subvention. Mais ce système exige impérieusement sincérité dans l'entreprise, réalisation des ressources et surtout sage économie, probité rigoureuse dans la gestion.

Malheureusement, nous sommes bien forcés de l'avouer, ces conditions n'ont été remplies en France que par un certain nombre de compagnies sérieuses. Les chevaliers d'industrie, créateurs de tant de compagnies illusoires et éphémères, ont abusé avec une telle impudence du prospectus et de la réclame, des manœuvres et des artifices de Bourse, que le nom d'actionnaire est presque devenu synonyme de dupe ; que toute proposition de ce genre excite au premier abord la méfiance, et que l'association, cet élément si précieux de progrès et de prospérité, a perdu parmi nous beaucoup de sa puissance.

Une loi récente a réprimé par de sages restrictions plusieurs des abus qui ont produit ce
déplorable résultat, et cependant il ne sera pas
inutile de faire connaître au public trop con-
fiant qui pourrait s'y laisser tromper encore,
quelques-unes des manœuvres à l'usage des
trappeurs de la spéculation; car le génie de
l'agiotage saura bien trouver des moyens d'éluder la loi et d'employer, même sous le régime
nouveau, des manœuvres du même genre.

Une mine réellement et utilement exploi-
table; une découverte qu'il s'agissait de mettre en pratique ou en rapport; une entreprise
d'industrie, de commerce, de navigation etc.,
promettait, d'après un calcul raisonnable,
200,000 fr. de bénéfices nets par année. C'eût
été, au taux ordinaire de ces entreprises, en
raison de leurs chances, des travaux et des
mises de fonds qu'elles exigent, l'emploi convenable d'un capital de 2 millions au plus.
Le créateur de l'entreprise la mettait en actions au capital de 4 , de 5 millions. Pour
prix de son invention, de ses soins, de ses travaux préparatoires, il se faisait allouer, sans

mise de fonds, ou en outre de sa mise, deux
cents, trois cents actions et on le nommait ad-
ministrateur gérant, avec de forts appointe-
ments et une large part dans les bénéfices. Il
arrivait ce qu'il était facile de prévoir: l'affaire
qui aurait été avantageuse en y employant
2 millions, rendait à peine un intérêt très-
minime pour un capital plus que double. Si la
compagnie pouvait végéter ainsi, quoique en
languissant, pendant un certain temps, le directeur, qui n'avait pas manqué de réaliser aussi
promptement que possible ses actions de faveur, continuait à exercer ses fonctions bien
rétribuées. Que si, par une combinaison nouvelle, voulant tirer de l'affaire un double parti,
il avait intérêt à faire tomber l'entreprise, rien
ne lui était plus facile, en sa qualité de gérant, que de l'amener dans une situation telle
que la liquidation devînt indispensable, et la
vente de l'établissement forcée. Alors, l'adju-
dication avait lieu, comme toujours en pareil
cas, à vil prix, et si l'habile créateur pouvait
racheter l'entreprise pour 900,000 francs ou 1
million, elle devenait excellente puisqu'elle rap-

portait 18 à 20 p. %. Les actionnaires primitifs avaient perdu les trois quarts au moins de leur capital; le créateur directeur s'était enrichi.

On réalisait avec succès, à l'aide des manœuvres de Bourse, des opérations plus coupables encore. On présentait au public des objets fantastiques, des mines imaginaires, des établissements qui n'étaient point formés ou construits, des entreprises qui ne devaient pas se réaliser, ou qui n'avaient aucune chance de succès ou de durée: de pompeuses annonces, un semblant ou même un commencement d'exécution, attiraient les souscriptions d'un certain nombre de dupes; des actions, même de simples promesses d'actions étaient placées, négociées. Bientôt l'entreprise avortait, était mise en liquidation, mais l'argent des actionnaires avait disparu; parfois le créateur, le gérant de la société avait disparu lui-même avec l'argent! Ne mentionnons ici que pour mémoire ces véritables escroqueries industrielles, dont la liquidation s'est souvent opérée avec un scandaleux éclat devant la police correctionnelle.

Ce n'était pas tout d'avoir découvert ou inventé une entreprise, une spéculation quelconque susceptible d'être exploitée par actions, il fallait attirer sur elle l'attention et les capitaux des rentiers et des spéculateurs, la mettre en vogue, en un mot et en termes du métier, la *lancer* à la Bourse. Voici comment on manœuvrait pour y réussir.

Il importait surtout d'attirer les petits capitaux. On formait par exemple une compagnie par actions de 100 fr. Il s'agissait d'écouler ces actions. Des prospectus distribués par milliers, des réclames de tout genre couvrant en lettres majuscules la quatrième page des journaux avaient déjà répandu dans le public l'annonce et la connaissance de l'entreprise, du capital qu'elle appelait et des bénéfices considérables qu'elle assurait aux actionnaires. La liste des membres du conseil d'administration ou de surveillance présentait les noms de personnes notables, titrées, et même, si faire se pouvait, d'hommes d'une réputation sans tache, d'une probité bien notoire et incontestée, dont on était parvenu à capter la trop facile bienveillance ou à tromper la bonne foi. L'entreprise

ainsi annoncée, prônée à grand renfort de
toutes les trompettes de la publicité, on travail-
lait à la mettre en cours, à la faire coter, et, s'il
était possible, en hausse. On tâchait d'abord
d'obtenir l'appui, le patronage d'une de ces entreprises ou compagnies financières qui, sous
un titre plus ou moins sincère, se livrent aux
grandes opérations de Bourse et exercent, par
leurs capitaux considérables et par leur crédit,
une haute influence. Si l'on obtenait leur protection ou leur concours, on était à peu près
sûr de débuter avec succès. Ces puissances
boursières refusaient-elles leur patronage, alors
réduit aux seules ressources de son génie, le
créateur de l'entreprise avait recours aux artifices les plus opportuns, selon les circonstances.
On pouvait, par exemple, opérer ainsi. — On
commençait par quelques marchés au comptant.
Le créateur ayant deux ou trois associés, com-
pères ou courtiers, l'un donnait à son agent de
change A. l'ordre de vendre tant d'actions de la
compagnie ***, mais pas au-dessous de 110;
l'autre donnait à un agent de change B. l'ordre
d'en acheter, mais pas au-dessus de 115. Ils

13

ordonnaient de la même manière des marchés
à terme, toujours en hausse, à 115, à 120. Les
marchés se concluaient à la Bourse, aux cours
prescrits, entre les deux agents de change ; on
ne risquait rien puisque ces opérations étaient
imulées ; il n'en coûtait qu'un faible courtage,
et le public, les agents de change eux-mêmes,
ne pouvaient se douter de rien, grâces au secret officieux qui couvrait les noms du vendeur
et de l'acheteur. Après deux ou trois manœuvres pareilles, l'affaire était posée, cotée en
hausse, et il ne manquait pas de gens crédules
qui se laissaient prendre à cet appât et faisaient
des achats réels. — Si le public montrait peu
d'empressement à mordre à cet hameçon, on
avait recours à des combinaisons plus habiles.
On offrait de vendre les actions à terme et à
prime, à 125 dont 10, par exemple : si l'acheteur
escomptait ou levait en liquidation les titres, la
hausse était confirmée et l'on réalisait un bénéfice ; en cas de baisse, on gagnait toujours la
prime qui était abandonnée par l'acheteur. —
On proposait aussi de vendre au comptant les
actions, à 120 par exemple, et de les racheter

immédiatement à terme et à prime, à **130** dont **10**. L'acheteur prenait plus de confiance en calculant qu'en cas de baisse, il serait au moins sûr de gagner la prime et resterait nanti des actions. Enfin si l'acheteur était encore retenu par la crainte, en cas d'une baisse plus forte que la prime, de rester en perte et de n'avoir en main que des effets dépréciés, on lui offrait de racheter les actions à terme ferme, à **125** par exemple : l'acheteur, sûr de gagner au moins cet écart de 5 fr. n'hésitait pas à faire ce marché. La société courait le risque de cette faible perte, mais l'entreprise était connue à la Bourse, mise en circulation et cotée en hausse progressive.

Pour mieux capter et entretenir la confiance du public, on prenait sur le capital de quoi distribuer immédiatement des dividendes.

Dès qu'ils étaient parvenus à attirer sur l'affaire une veine de crédit, une sorte de vogue, les meneurs s'empressaient d'écouler peu à peu avec le plus fort bénéfice possible, les actions qu'ils s'étaient attribuées comme prix de leur apport d'invention, de concession ou de mise

en œuvre; une fois ce profit réalisé, ils se reti-
raient en abandonnant à son sort l'entreprise à
laquelle ils n'avaient plus d'intérêt, et ils s'oc-
cupaient à en organiser une autre de même
nature.

Voilà par quels moyens des entrepreneurs
d'entreprises parvenaient trop souvent à tromper le public et à exploiter à la Bourse sa trop
crédule confiance.

Fallait-il se borner à déplorer l'aveuglement
des hommes assez imprudents ou assez avides
pour venir, malgré tant d'exemples et d'avertissements, se jeter d'eux-mêmes dans les piéges
qui leur étaient tendus? la sollicitude du gouvernement ne devait-elle pas s'étendre plus loin
et examiner surtout si l'administration, soit par
erreur et faux calcul, soit par inadvertance ou
incurie, n'avait pas contribué, bien involontai-
rement sans doute, au succès des artifices qui
ont causé tant de désordres et la ruine de tant
de malheureuses victimes?

Écoutons à ce sujet le rapporteur de la loi
de 1856 devant le corps législatif. « Une société
« s'établit avec un capital important : le fonda-

« teur en a dressé l'acte, soit seul, soit avec un
« petit nombre d'associés; l'apport, c'est un
« immeuble déjà déprécié ou un procédé sans
« valeur.... On tente, on séduit les petits capi-
« taux par l'appât de bénéfices exagérés. Le
« fondateur s'est réservé des avantages outrés,
« les souscripteurs accourent au bruit des pros-
« pectus ; la société est constituée et marche ;
« le conseil de surveillance est aveugle ou reste
« silencieux ; on leurre les actionnaires par la
« distribution de dividendes que l'on prend sur
« le capital social. Pendant tout ce temps, on
« a joué sur les actions de l'entreprise ; les
« fondateurs se sont enrichis, puis la société
« tombe, et que reste-t-il? quelques gens cré-
« dules qui n'ont en retour de leur argent que
« du papier sans valeur!...

« La loi ne peut pas, par un vain respect
« pour la liberté d'industrie, demeurer impuis-
« sante devant ces associations inventées pour
« récolter des primes, et qui mériteraient mieux
« le nom de loteries que celui de sociétés. »

Aussi, à la vue de tant de désordres et de
scandales, le gouvernement s'est ému et s'est

enfin déterminé à y mettre un frein. Une loi sur les sociétés en commandite par actions [1] a réprimé, par de sages précautions, celte exploitation du public.

Un minimum est fixé pour le montant de chaque action ou coupon d'action, à 100 fr. lorsque le capital nominal de la société n'excède pas 200,000 fr., et à 500 fr. lorsque ce capital est supérieur.

Les compagnies ne peuvent être constituées définitivement qu'après que les souscriptions auront couvert la totalité du capital social et que chaque actionnaire aura versé au moins le quart du montant des actions par lui souscrites.

Les actions des sociétés seront et resteront nominatives jusqu'à leur entière libération, et les souscripteurs seront responsables du payement du montant total de leurs actions.

Les actions et coupons d'action ne seront négociables qu'après le versement des deux cinquièmes de leur capital nominal.

Enfin la loi prononce une responsabilité per-

---

[1] Loi du 17 juillet 1856.

sonnelle, solidairement et par corps, contre les
gérants et les membres du conseil de surveillance, en cas d'inexactitudes graves commises
dans les inventaires et de distributions de dividendes non justifiées par des inventaires sincères et réguliers.

Elle punit aussi de peines plus ou moins
graves les émissions et négociations d'actions
ou de coupons en contravention aux règles
qu'elle établit et aux formalités qu'elle prescrit.

D'après ces mesures restrictives, il devient
beaucoup plus difficile d'introduire, dans les négociations, des entreprises imaginaires, puisqu'il faudrait au moins avoir à sa disposition
des sommes assez fortes pour réaliser le versement des deux cinquièmes exigés. — Le public ne risquera plus de voir sa confiance cap-
tée et abusée par les noms de membres d'un
conseil de surveillance non-actionnaires, com-
plaisants nomades et purement officieux. —
Une responsabilité personnelle et sérieuse
pourra rendre les fondateurs et les gérants
moins aventureux, les membres des conseils

de surveillance plus vigilants, et sera pour les actionnaires une garantie de plus.

Enfin, et ce ne sera pas le moindre avantage de ce nouveau règlement, ces actions pourront bien être l'objet de spéculations, mais jusqu'à ce qu'elles soient entièrement libérées elles se prêteront moins facilement au jeu; les actions demeurant nominales, le vendeur n'en resterait pas moins responsable en cas de non-payement des cinquièmes restant dus; il serait obligé de signer le transfert ou l'endossement du titre vendu, qui d'ailleurs porterait son nom; il aurait un recours à exercer contre son acheteur, et dans ces revendications, l'inviolable secret protecteur des joueurs serait divulgué.

Mais pour que ces prescriptions nouvelles remplissent le but que le législateur s'est proposé, il faut qu'elles soient exécutées rigoureusement, avec persévérance; il ne faut pas qu'on les laisse tomber en désuétude, comme certaines dispositions de nos lois et même de l'arrêté de prairial an X.

A cet effet, il semblerait nécessaire d'adopter

et de faire exécuter strictement les mesures
suivantes :

Avant que les actions d'une compagnie pussent être présentées à la Bourse, y être admises
à la cote et négociées, le syndicat des agents
de change devrait être tenu de vérifier et de
constater si cette compagnie est légalement et
régulièrement constituée ou autorisée, selon sa
nature, soit aux termes des articles 23 à 45 du
code de commerce, soit conformément à la loi
précitée du 17 juillet 1856, et si toutes les dispositions de ces lois ont été scrupuleusement
exécutées : le tout sous la responsabilité personnelle des membres du syndicat et des agents
de change négociateurs envers les clients qui
auraient été lésés par suite d'omission de cette
vérification.

Il serait peut-être utile d'interdire formellement toute négociation de simples promesses
d'actions, que la loi de 1856 ne mentionne pas
d'une manière explicite.

La principale cause des succès qu'obtiennent
les écumeurs de Bourse, c'est la confiance
aveugle, obstinée d'un certain nombre de petits

13.

capitalistes et la cupidité de quelques autres. Il n'est pas au pouvoir de l'autorité de porter remède à ce mal; elle ne peut pas donner du jugement et de la prudence aux hommes qui en sont dépourvus. Mais le gouvernement peut refuser ou retirer des autorisations, des concessions, des facultés dont on abuserait pour tromper le public, pour faire des dupes ou des victimes. Il est à désirer qu'il use de ce droit dans toute sa rigueur contre les entreprises et les compagnies qui seraient dans ce cas ou qui violeraient leurs règlements.

Plusieurs des mesures que nous avons indiquées pour réprimer le jeu sur les effets publics auraient aussi pour résultat de rendre plus difficile le succès des manœuvres et des ruses qu'emploient les escamoteurs de la spéculation sur les compagnies industrielles. Sous ce rapport, l'interdiction des marchés à prime aurait un double avantage.

Mais c'est surtout, nous le répéterons une fois encore, le secret absolu des négociations, ce secret source des abus et protecteur des manœuvres les plus blâmables, qu'il importerait de réformer. Il est encore moins excusable en matière d'entreprises industrielles que lors-qu'il s'agit des titres de la dette publique, et il a plus de dangers encore. N'a-t-on pas vu souvent, même dans les entreprises justement accréditées, les directeurs, les administrateurs, les conseillers surveillants, profiter de leur po-sition pour jouer à coup sûr contre le public à la veille d'événements qu'ils connaissaient d'a-vance? Une compagnie sent la nécessité de modifier sa constitution ou ses statuts; de se liquider ou d'opérer une fusion; d'émettre des actions nouvelles; de contracter un emprunt par obligations, etc.; ces mesures doivent infail-liblement, dès qu'elles seront connues, pro-duire sur les titres de cette compagnie une forte variation en hausse ou en baisse. Deux ou trois jours avant de proposer, de voter et de décréter eux-mêmes l'adoption de la mesure, les chefs peuvent en exploiter d'avance à la Bourse les résultats, sous le voile de ce secret protecteur de l'agiotage honteux, et réaliser ainsi, aux dépens du public non prévenu, des gains considérables. La loi de 1856 porte à ce

secret si fatal aux joueurs imprudents une première mais bien faible atteinte, seulement pour
la négociation des actions non libérées : il serait à désirer que l'on pût faire davantage en
adoptant pour les valeurs industrielles des mesures telles que celles que nous avons indiquées[1].

De semblables dispositions n'opposeraient
aucune entrave aux entreprises sérieuses, aux
compagnies qui opèrent avec franchise et probité. Ce système restrictif pourrait au contraire
avoir pour effet de rappeler à elles une partie
des capitaux qui s'aventurent depuis longtemps sur des entreprises trompeuses, ou
sur des compagnies qui ne méritent aucune
confiance, et n'ont été créées que pour le
jeu.

[1] Voyez pages 181 à 189.

CINQUIÈME PARTIE

SECTION I. — Résumé.

Nous venons d'exposer et de discuter aussi franchement que librement les abus et les désordres du régime actuel, et les principales mesures qui nous paraîtraient les plus efficaces pour leur opposer toute la répression possible. Nous ne doutons pas que parmi nos lecteurs, il ne s'en trouve qui auront assez de talent et d'expérience pour modifier nos propositions, les compléter, ou en indiquer de mieux combinées encore; car nous ne nous dissimulons ni les difficultés de l'entreprise, ni le peu d'autorité de nos paroles, surtout eu égard aux intérêts puissants qui soutiennent les abus et aux résistances obstinées qu'il faudrait vaincre.

Mettre la législation en harmonie avec les
faits patents et les nécessités de notre époque;
affranchir les rentiers et les véritables spéculateurs des risques auxquels ils sont forcément
exposés par le régime actuel; légitimer toutes
les opérations licites; refréner la fureur du jeu,
autant que cela est possible, sans entraver les
opérations réelles et permises : tel devrait être,
selon nous, le programme de la réforme.

On nous a déjà dit, on nous répétera que
nous faisons trop ou trop peu. « Nous n'oppo-
« sons au jeu que de faibles digues, et nos
« propositions entraveraient le système actuel
« des négociations, sans pouvoir obtenir le
« résultat désiré : la soif de l'or et la passion
« du jeu sont plus fortes que toutes les lois.
« Mieux vaudrait donc laisser en paix le monde
« financier, et attendre pour modifier nos ins-
« titutions que nos mœurs et nos habitudes se
« modifiassent elles-mêmes. »

Nous croyons avoir déjà répondu à ces objections dans le cours de la discussion; répétons
cependant nos réponses en les résumant en
peu de mots.

L'impossibilité d'extirper radicalement un vice ne doit pas empêcher de le réprimer autant que cela est possible, et ce serait beaucoup d'obtenir les résultats que produirait infailliblement notre système. La législation mise en harmonie avec nos institutions actuelles satisferait à toutes les exigences légitimes; on ferait cesser le double scandale de la violation journalière des lois par l'administration elle-même, et de l'espèce de conflit qui subsiste entre elle et les tribunaux sur les questions de cette nature; les juges et l'opinion publique seraient enfin éclairés et fixés sur ce que la loi reconnaît et protége, et sur ce qu'elle refuse de reconnaître et de protéger; le rentier et le spéculateur sérieux ne seraient entravés pour aucune de leurs opérations et cesseraient d'être exposés aux dangers qu'ils courent aujourd'hui, aux mêmes risques que les joueurs; enfin bien des joueurs, surtout certaines catégories de joueurs, seraient retenus par la seule possibilité d'une publicité qu'ils redoutent par-dessus tout et par la crainte de voir, au moindre incident, à la moindre contestation, leurs noms dévoilés ou même livrés au public et aux tribunaux;

Malgré tout, on jouerait encore. Sans doute,
mais l'autorité du moins ne semblerait plus en
être complice ou protectrice, et s'élèverait à
une hauteur où le soupçon même ne pourrait
plus l'atteindre. Tout le monde saurait que le
joueur est en dehors de la loi, qu'elle le ré-
prouve, qu'elle lui refuse la protection des tribunaux. On jouerait, mais comme l'on joue
dans les banques clandestines, en se cachant,
en s'exposant à tous les incidents des opérations ténébreuses, et en courant le risque de
toutes les pertes que pourrait faire éprouver l'in-
fidélité des agents obscurs de ces opérations.

Tous les hommes de bien et de sens, qui
veulent en affaires probité et sécurité, ne pourraient qu'applaudir à ces résultats.

SECTION II. — Réfutation de quelques objections générales.

Dans le cours de cette discussion, nous n'a-
vons pas voulu nous laisser entraîner à des
débats qui auraient interrompu l'ordre métho-
dique des idées et des raisonnements ; mais,

après avoir exposé d'abord les faits, puis les principes, enfin les mesures qui nous semblent propres à réprimer les abus, il ne faut pas laisser sans réponse diverses objections et assertions qui, bien que vagues et dénuées de preuves, ne laissent pas de faire impression sur certains esprits.

§ Ier. — 1° Chaque fois que nous prononçons les mots de jeu ou d'agiotage, certaines personnes s'écrient avec une sorte d'indignation : « Prétendez-vous donc interdire la spéculation ? « Eh bien! ce que vous appelez jeu, agiotage, « n'est pas autre chose que la spéculation; il « est impossible d'établir entre ces deux dé- « nominations une distinction juste, claire et « logique. »

2° On a souvent entendu répéter, comme une chose reconnue incontestable, l'objection suivante : « La spéculation (et sous cette déno- « mination on comprend le jeu tout aussi bien « que les spéculations réelles), la spéculation « maintient l'équilibre des fonds : la Bourse, « immense bazar de valeurs de tout espèce, « en active la circulation; les transactions

« multipliées qui s'y opèrent chaque jour, sou-
« tiennent le crédit public et le cours des effets,
« et tendent toujours, en définitive, à faire
« hausser les cours. »

3° On ajoute que « cette disponibilité tou-
« jours prête, cette réalisation toujours sûre et
« immédiate des effets publics, cette facilité
« extrême et instantanée de vente et d'achat,
« impriment à toutes les branches de la ri-
« chesse publique un mouvement incessant et
« fécond, et accroissent, en quelque sorte, par
« une circulation rapide, la masse réelle du
« numéraire. »

4° On nous répond enfin : « Pour essayer
« de réprimer quelques abus et de déraciner,
« si toutefois cela est possible, l'habitude du
« jeu, ne risquez pas d'entraver la liberté du
« commerce, d'abolir des procédés financiers
« indispensables à la Banque, au commerce,
« à l'industrie, et de porter un coup funeste
« au crédit de l'État. »

§ II. — Examinons successivement ces assertions et la portée des conséquences qu'on
en tire.

1° Est-il vrai que ce que l'on appelle agiotage ne soit qu'une spéculation qu'on ne doit
pas interdire, et qu'il soit impossible d'établir
entre la spéculation et l'agiotage une distinction juste et précise? Rien ne nous paraît au
contraire plus facile, pourvu que l'on apporte
à cette discussion un peu de bonne foi.

Spéculer, c'est saisir un moment favorable
pour acheter à bas prix ce que l'on espère revendre plus tard avec bénéfice, ou pour vendre
en hausse ce que l'on espère pouvoir bientôt
racheter en baisse. Ainsi, tout achat ou vente
sincère, dont l'objet est ou doit, à une époque
fixe, être réellement livré contre le payement
de son prix, est une spéculation. Tout marché
simulé d'achat ou de vente dont l'objet fictif ne
doit pas être livré ni le prix payé, n'est plus une
spéculation ; ce n'est qu'un pari, un jeu : voilà
l'agiotage.

Il est très-permis, très-honnête et très-facile
de spéculer sur les rentes et sur tous les effets
publics, tout comme le négociant le fait pour
les marchandises. — Les rentes, les actions de
telle entreprise sont en baisse : j'en achète,

j'en paye le prix et je les garde jusqu'à ce que
la hausse arrive et me permette de les revendre
avec bénéfice; j'avais fait un achat réel, je fais
une vente réelle; dans l'intervalle j'ai été réellement propriétaire des titres, j'en ai perçu, s'il
y a eu lieu, les semestres ou les dividendes.
Les effets que je revends ainsi en hausse vien-
nent-ils à retomber, j'en rachète pour refaire la
même spéculation. Il en est de même si j'ai
acheté à terme fixe : j'ai pu revendre également
à terme si dans l'intervalle la hausse a eu lieu.
Mais si à l'échéance les effets devaient être livrés et leur prix réellement payé, on ne pourrait plus guère se livrer à des spéculations
excessives, car le vendeur ne consentirait pas
à me vendre une quotité de valeurs qu'il saurait bien excéder de beaucoup ce que je peux
payer, et l'agent de change, responsable envers
ce vendeur, ne s'engagerait pas pour une
somme supérieure au montant de ma couverture. Dans ces opérations, il n'y a rien de fictif;
tout est sincère, exécuté complétement et même
sans danger de ruine.

L'agioteur, au contraire, vend ce qu'il n'a

pas, achète ce qu'il n'a nullement l'intention
d'acquérir, ce qu'il ne pourrait pas payer, et il
peut jouer ainsi toute l'année sans jamais posséder un seul des effets qu'il semble acheter ou
vendre : il n'engage aucun capital autre que
le montant de sa couverture, et ne risque que
le montant possible d'une différence.

Vous ne possédez d'autre capital qu'une
vingtaine de mille francs; vous achetez 15,000
francs de rente 3 p. %, à terme, à 70 fr., ce qui
représente un capital de 350,000 fr., dont vous
ne pourriez payer que la dix-septième partie;
vos 20,000 fr. déposés comme couverture suffisent pour garantir votre agent de change
contre une baisse énorme de 4 fr. A l'échéance,
le 3 p. % a baissé de 2 fr.; sur votre couverture,
votre agent de change prélève les 10,000 fr.
que vous perdez, plus les courtages, et tout est
consommé. En fait, vous n'avez rien acheté,
on ne vous a rien vendu; vous et votre vendeur avez joué, parié sur une abstraction, sur
une chose indéterminée, sur la hausse ou la
baisse de cette chose, le 3 p. %, ou telle autre
valeur, en général; vous avez perdu 10,000 fr.,

votre adversaire les a gagnés : voilà l'agiotage.

Vous achetez à prime, l'effet baisse au-dessous du niveau de votre prime ; vous abandonnez cette prime, et le marché est non avenu : y a-t-il eu achat ou vente de quelque objet certain ? Nullement ; vous avez parié contre un baissier, mais en vous réservant le droit de ne pas perdre plus que telle somme, tout en conservant la chance de gagner indéfiniment : c'est du jeu, c'est de l'agiotage.

Vous ne vous bornez pas à une seule opération de ce genre dans un mois ; vous les multipliez, vous les renouvelez, achetant pour couvrir vos ventes à découvert, vendant pour compenser vos achats, et employant dans ces manœuvres toutes les complications des escomptes et des primes. Après quinze ou vingt opérations de cette nature, achats et ventes se compensent, vous recevez ou vous payez les différences, et il n'y a aucune mutation de titres, aucun payement de prix. Il y a tel joueur qui a longtemps opéré sur des millions sans lever ni livrer un seul titre, sans avoir touché un seul semestre ou un seul dividende : il n'a

fait que gagner ou perdre des différences. Encore une fois, ce n'est pas là de la spéculation ;
c'est du simple jeu, de l'agiotage[1].

Mais les princes de la finance font mieux
encore. Des maisons de banque colossales, des
compagnies qui, sous l'enseigne innocente
d'institutions de crédit soit pour l'agriculture,
soit pour l'industrie ou pour le commerce, ont
en réalité pour objet les grands jeux de Bourse,
font des opérations de ce genre dans des pro-
portions bien plus larges. Nous avons déjà fait
remarquer[2] que, possédant une quantité considérable de titres et de capitaux, ils peuvent influer puissamment sur les cours et produire à

---

[1] Comme ce n'est pas un manuel, un guide du jeu de
Bourse que nous offrons à nos lecteurs, nous ne donnons
point ici les détails assez compliqués de toutes ces combinaisons de l'agiotage. Ceux qui voudraient les connaître à
fond en trouveront les développements et les exemples
dans les divers traités spéciaux sur cette matière que nous
avons déjà cités, et particulièrement dans les ouvrages de
MM. Louis Deplanque, Jeannotte-Bozerian et Proudhon,
déjà cités, et dans l'Almanach de la Bourse de 1856 et
de 1861.

[2] Pages 66, 97 et 136.

volonté, au moins passagèrement, par d'habiles
manœuvres, la hausse ou la baisse. Ont-ils
besoin d'une hausse pour assurer le succès
d'une opération importante? ils la produisent
à l'aide de leurs capitaux considérables; ils
feront au meilleur cours possible, outre quelques achats au comptant, beaucoup d'achats
à terme et à prime; puis au moment décisif,
ils escompteront tous leurs vendeurs et déci-
deront ainsi la hausse désirée. — Est-ce une
baisse qu'ils veulent provoquer? au moyen des
titres nombreux qu'ils ont en portefeuille, d'a-
chats à terme faits peu à peu et en temps opportun, ils peuvent, par des ventes considérables au comptant, à terme ferme, à prime,
même par des ventes à découvert que leur immense crédit leur permet de hasarder, écraser
les cours au moment décisif. — On les a vus
même opérer par accaparement. Spéculant sur
une valeur spéciale, dont les titres sont assez
rares dans le moment, telle qu'un chemin de
fer ou une entreprise industrielle, ils achètent
au comptant, à terme, à prime, une quantité
suffisante pour épuiser à peu près ce qu'il y a de

titres de cette spécialité flottants sur la place ;
cela fait, ils escomptent leurs vendeurs ; les
titres étant devenus très-rares, les vendeurs à
terme et à découvert, surpris et forcés de se
procurer immédiatement des titres pour les
livrer, les achètent fort cher, et souvent ces
titres leur sont alors fournis à un cours très-
élevé par ceux-là même à qui ils les avaient
vendus d'abord, et à qui ils doivent les livrer !
— Comment qualifier de pareilles manœuvres ?
C'est de l'agiotage au premier chef, et de l'agiotage malfaisant, nuisible non pas seulement aux
joueurs qui en sont dupes, mais à tout le public ;
car ces manœuvres ont pour effet de produire
sur la place des cours faux, de brusques se-
cousses et des fluctuations non motivées.

Nous avons voulu réfuter par des exemples
frappants les sophismes à l'aide desquels les
boursiers s'efforcent de légitimer l'agiotage en
le confondant avec la spéculation.

Maintenant, l'agiotage ne peut-il pas se déguiser sous les formes de la spéculation licite ?
ne faut-il pas éviter avec soin d'entraver l'une
en proscrivant l'autre d'une manière absolue ?

14

la spéculation légitime n'est-elle pas parfois
entraînée à recourir aux expédients des joueurs?
enfin, dans une société où la cupidité et la soif
de la richesse sont des passions impérieuses,
dominantes, presque générales, n'est-il pas
prudent de laisser une part à l'abus même? Ce
sont d'autres questions, graves, délicates, et
nous les avons discutées dans le cours de cet
écrit[1]. Ici nos observations n'ont pour objet
que de constater qu'il n'est nullement exact de
dire que l'agiotage et la spéculation se confon-
dent, et qu'il soit impossible d'établir entre
l'une et l'autre une juste distinction.

2°, 3°, 4°. Nous avouons avec une entière
franchise n'avoir jamais pu comprendre sur
quelles données se fondent les assertions si générales, si formelles que nous contestons ici.
Nous désirerions que quelqu'un des défenseurs
du système actuel, disons mieux, qu'un de nos
habiles théoriciens d'économie politique voulût bien nous démontrer d'une manière claire
et précise comment des opérations, ou plutôt

[1] Voyez pages 113, 127, 230 et suiv.

de simples paris, qui ne portent sur aucun titre désigné, mais vaguement sur toute une catégorie de valeurs; qui ne donnent lieu à aucune mutation de titres, et qui se résolvent par le simple payement d'une différence ou d'une prime peuvent influer d'une manière favorable sur le crédit de l'État, soutenir le cours des effets publics, ou leur imprimer une hausse réelle et de quelque durée.

Jusqu'à ce que nous soyons plus éclairé, nous ne pouvons que nous laisser guider par le simple bon sens, et voici les réflexions qu'il nous suggère.

On dit que ce mouvement perpétuel que nous appelons un jeu, ces transactions journalières ont, en fait, pour résultat:

De soutenir le crédit public;

De favoriser, en définitive, la hausse des cours;

De maintenir l'équilibre des fonds publics;

Enfin d'offrir au gouvernement de grandes facilités pour contracter ses emprunts.

Il est une réflexion qui tout d'abord frappe les esprits; c'est que, pour qu'il y ait par spé-

culation ou par jeu, achat de 2, de 3 millions de
rentes ou d'autres effets, il faut qu'il y ait des
vendeurs ou des parieurs adverses pour cette
même quotité. La pression dans un sens et
dans l'autre est égale : pourquoi donc les acheteurs ou joueurs qui provoquent la hausse auraient-ils plus d'influence que les vendeurs ou
joueurs qui provoquent la baisse?

Les joueurs baissiers ont vendu à terme
600,000 fr. de rente ; leur attente a été trompée ;
la rente a haussé : en liquidation, ils payent à
leur agent de change la différence et le marché est consommé. D'autres joueurs haussiers
ont acheté 2,000, 3,000 actions de tel chemin
de fer ; le cours de ces actions a baissé ; ils
payent de même la différence et le marché se
liquide ainsi. Dans ces deux opérations, comme
dans toutes celles du même genre, pas un seul
titre n'a été livré, levé, transféré : elles n'ont
ni augmenté ni diminué la quotité des effets
présentés et flottants sur la place : elles n'ont
donc pu influer que fictivement et également
sur leur cours.

Il en est des effets publics comme de toutes

autres valeurs et marchandises : moins il y en
a d'exposés en vente sur le marché en présence
de beaucoup de demandeurs, plus leur prix
s'élève : plus on en offre à vendre en présence
de peu d'acheteurs, plus leur prix baisse. Si
pour le comptant il se présente plus d'acheteurs
que de vendeurs, le comptant doit hausser : et
si, dans la même Bourse, il se présente plus de
vendeurs à terme que d'acheteurs, le cours à
terme baissera. Aussi, a-t-on vu assez souvent
le 4 1/2 p. %, fonds qui était en grande partie
classé, ne pas suivre ou ne suivre que de loin
les brusques changements du 3 p. %, qui était
essentiellement l'aliment du jeu. Il n'est donc
nullement exact de prétendre que les marchés
à terme maintiennent l'équilibre des fonds et
tempèrent les convulsions du comptant[1].

Dans les marchés qui ne se résolvent que
par un payement de différence, opérations fictives et qu'on ne peut qualifier que de simples
paris, il n'y a rien qui puisse contribuer à soutenir le crédit public et le cours des effets.

[1] Mémoire des agents de change, février 1843, page 61.

14.

Nous rechercherons tout à l'heure les résultats réels qu'elles peuvent produire quant aux variations des cours.

Rentrons dans le vrai.

Les inscriptions de rente sur l'État et les autres effets publics peuvent être classés en deux catégories. La première comprend les titres qui reposent dans les mains des titulaires parce qu'ils les ont achetés pour faire un placement durable, pour s'assurer un revenu fixe et certain, c'est ce que l'on appelle la rente *classée*, les effets *classés.* La seconde catégorie se compose des titres qui ne sont, pour les spéculateurs sérieux, que l'objet de leurs spéculations; pour les joueurs ou parieurs que des enjeux, qu'une couverture ou une garantie pour les opérations aléatoires auxquelles ils se livrent, ou bien une ressource extrême en cas de pertes considérables ; cette seconde catégorie est ce qu'on peut appeler la rente *flottante*, les effets *flottants.*

Dans la première catégorie les ventes sont peu nombreuses, les négociations rares et d'une faible importance comparativement avec la se-

conde, où l'on opère sur des millions et où les
titres, lorsqu'on n'opère pas à découvert ou par
simple pari, passent de main en main, suivant
les chances de la spéculation, les besoins ou la
fortune des spéculateurs.

Pour les possesseurs de la première catégorie
et même pour les spéculateurs sérieux , ce qui
constitue la véritable valeur de la rente, son
taux moral, si l'on peut s'exprimer ainsi, ce qui
en déterminerait le cours, si la presque totalité
de la rente était classée, c'est le plus ou moins
de confiance que les possesseurs ont dans la
stabilité du gouvernement, dans sa sagesse et
sa bonne foi, dans ses succès, dans ses ressources, pour faire honneur à ses engagements,
dans la durée de la paix et de la prospérité du
pays. Dès que l'on voit éclater des troubles, des
révolutions, ou seulement une guerre se déclarer, l'argent se retire et se cache, le crédit languit ou baisse[1]. Il en est de même pour les
autres effets publics, pour les actions et les
obligations des diverses compagnies ; la valeur

[1] Voyez la note II, page 271.

de leurs titres est estimée en raison de leur
moralité, de leur solvabilité, de leur situation
plus ou moins prospère, de leurs espérances ou
de leurs craintes pour l'avenir.

Il n'en est pas de même pour les détenteurs
de la seconde catégorie et pour les joueurs qui
ne possèdent aucun titre. Pour eux le cours à
terme n'est pas déterminé seulement par les
considérations que nous venons d'indiquer, ni
même par leurs prévisions plus ou moins fondées de hausse ou de baisse prochaine ; il est
d'autres causes qui, souvent, exercent sur les
cours une influence plus puissante encore. La
chaleur du jeu, ses fréquentes péripéties, les
artifices et les besoins des joueurs, les manœuvres de la haute aristocratie de la Bourse, l'a-
bondance ou la rareté soit du numéraire soit
des titres aux approches d'une liquidation ; ces
divers incidents produisent des cours factices,
transitoires, qui déroutent tous les calculs de
la raison et donnent une appréciation fausse de
la situation du crédit public.

Dans cette confusion, les joueurs qui ne sont
pas assez *roués* (qu'on nous passe cette expres-

sion), sont les dupes et les victimes des despo-
tes de la finance, de ceux qui possèdent le seul
moyen de succès à la Bourse, des capitaux
considérables et beaucoup de titres en main.
Nous avons expliqué dans la discussion comment ils pouvaient, pour faciliter le succès de
leurs combinaisons, produire une baisse ou
une hausse subite et momentanée, tantôt en
opérant brusquement des ventes énormes pour
racheter ensuite peu à peu, tantôt en forçant à
la veille de la liquidation les vendeurs à découvert à acheter des titres pour les leur livrer.

Quel avantage peut-il résulter pour le crédit public et même pour la prospérité des établissements industriels, des manœuvres de ce
genre et des fluctuations brusques et éphémères, tantôt en baisse, tantôt en hausse, qu'elles
occasionnent dans le cours des diverses valeurs?
Il est donc plus qu'inexact de dire que les opérations de jeu sont favorables au crédit de l'É-
tat et au crédit en général. Il serait plus vrai de
dire que les opérations fictives ont pour résultat de créer fréquemment des cours fictifs, d'a-
limenter et de chauffer le jeu. — Remarquons,

en outre, que le possesseur de rente classée est éminemment intéressé au maintien de l'ordre et de la prospérité de l'État; ce n'est assurément pas dire que le joueur soit ennemi de l'ordre et appelle des malheurs sur sa patrie : lorsqu'il joue à la hausse, il a le même intérêt que le rentier, mais on ne saurait méconnaître qu'il ne peut gagner qu'autant que les effets publics éprouvent des fluctuations; qu'il gagne d'autant plus que les variations des cours sont plus fréquentes et plus fortes, et que ces brusques soubresauts de Bourse ne sont jamais plus fréquents et plus forts qu'aux époques de guerre, de crises, de désordres. Combien de joueurs n'ont-ils pas trouvé dans les désastres de la France, à diverses époques, l'occasion de gains considérables[1]?

— On ajoute que le système actuel imprime à toutes les branches de la richesse publique un mouvement incessant et fécond, et accroît en quelque sorte, par une circulation rapide, la masse réelle du numéraire.

[1] Voir la note II, page 271.

Voilà encore un de ces axiomes vagues et hasardés qu'on lance hardiment et d'un ton doctoral dans la discussion, et que beaucoup de gens du monde laissent passer, soit par insouciance, soit faute de connaissances en ces matières.

D'abord est-il vrai, comme le prétendent les hommes de Bourse, qu'il y ait disponibilité toujours prête de sommes égales au montant des inscriptions ou des autres titres[1]? Point d'équivoque. Voulez-vous dire qu'il se trouve toujours à la Bourse des fonds disponibles en quantité suffisante pour faire face à toutes les offres de vente *réelle*? L'expérience journalière le prouve, et cela est d'autant plus facile à croire que les ventes au comptant et même celles des ventes à terme qui se résolvent par le transfert des titres et le payement effectif de leur prix forment à peine, personne ne l'ignore, un vingtième des opérations de Bourse. Encore y a-t-il parfois des moments où les circonstances sont telles et les affaires tellement suspendues,

---

[1] Mémoire des agents de change, février 1843, page 63.

qu'on ne trouverait pas d'acheteurs pour une quotité un peu considérable de rentes ou d'autres effets, même en subissant la baisse qu'éprouve nécessairement toute valeur qui abonde sur le marché sans être demandée. — Mais si vous voulez dire qu'il y aura toujours assez de fonds disponibles pour liquider par des payements effectifs, dans le cas où on l'exigerait, tous les marchés qui se font à terme, aussi bien qu'au comptant, ce serait l'assertion le plus évidemment erronée. La quotité des valeurs qui semblent achetées ou vendues dans les marchés à terme excède tellement la quotité des titres de la même nature qui sont réellement disponibles ou flottants, que dans presque toutes les liquidations s'il fallait exécuter strictement tous ces marchés, il serait aussi impossible de se procurer des fonds suffisants pour payer aux vendeurs le prix des titres qu'ils paraissent avoir vendus, que de trouver assez de titres pour livrer aux acheteurs tous ceux qu'ils paraissent avoir achetés. Ce qui rend ces liquidations possibles, c'est que les dix-neuf vingtièmes au moins de ces marchés sont fictifs, n'ont pour objet réel qu'un jeu sur les différences, et le mode de liquidation par compensation suffirait pour le prouver[1].

On peut juger par ces observations s'il n'y a pas tout au moins une exagération extrême à prétendre « qu'il y a disponibilité toujours prête, « toujours immédiate de sommes égales au « montant des inscriptions. » Nous avons prouvé tout au contraire[2] qu'on peut opérer, par achat ou vente fictive sur 24,000 fr. de rentes, représentant à 70 fr., un capital de 560,000 fr., sans posséder autre chose que 25 ou 30,000 fr. déposés comme couverture.

Maintenant, comment une pareille opération à terme, ferme ou à prime, comment cent, comment mille opérations du même genre pourraient-elles « contribuer à imprimer à « toutes les branches de la richesse publique « un mouvement fécond et accroître, en quel- « que sorte, la masse réelle du numéraire? » Que cela puisse être vrai, jusqu'à un certain

[1] Voyez pages 87 et 121 et la note III, page 275.
[2] Voyez pages 127 et 237.

point, pour les opérations réelles, soit au comptant, soit à terme, qui se résolvent par une mutation de titres et par le payement effectif de leur prix, on le conçoit. Une entreprise qui a besoin de capitaux, peut se les procurer d'autant plus facilement et à un taux d'autant plus avantageux que ses titres et ses obligations inspirent plus de confiance, peuvent être réalisés à volonté et à un cours plus élevé. Encore est-ce une exagération de dire que ces opérations, quoique réelles, *accroissent la masse réelle du numéraire;* car, lorsque l'un des spéculateurs échange des titres contre du numéraire, nécessairement un autre spéculateur, son acheteur, échange du numéraire contre des titres. Mais l'assertion que nous réfutons est dérisoire lorsqu'on l'applique à des opérations purement fictives, dans lesquelles le joueur ne fait que déposer chez son agent de change une somme pour couverture ou garantie; où il n'y a en réalité ni vente, ni achat, ni mutation d'aucun titre, ni payement du prix de ce titre, et où le joueur ne fait, en fin de compte, que gagner ou perdre une différence.

Il n'y a qu'un seul moyen d'accroître la masse réelle du numéraire; c'est la création d'un papier-monnaie, ou de billets de banque qui circulent comme espèces, pourvu que ce soit dans une proportion et avec des garanties prudemment calculées. Mais il faut bien se garder d'abuser du moyen trop facile de battre monnaie avec des presses. La Convention avait employé ce moyen d'accroître la masse du numéraire: combien de temps ont duré et que sont devenues ces richesses imprimées[1]?

Reste la dernière objection des défenseurs du jeu, celle qu'ils présentent comme définitive et concluante : « Ce mouvement in-
« cessant, ce croisement continuel d'opéra-
« tions de Bourse, même de celles que l'on
« regarde comme fictives et de pur jeu,
« sont profitables à l'État lui-même; car, en
« soutenant le crédit public, ils donnent au
« gouvernement une extrême facilité pour
« contracter ses emprunts qui, sans cela, de-
« viendraient presque impossibles. »

[1] Voyez page 30.

Nous croyons avoir déjà réfuté cette assertion : mais fût-elle incontestable, elle ne nous
paraîtrait pas un motif suffisant pour couvrir et
légitimer les jeux de Bourse, pour en imposer
au public les dangers et les scandales. Croirait-
on rendre un grand service à la société en facilitant aux enfants prodigues et aux dissipa-
teurs les moyens d'escompter et de dévorer
l'avenir ?

Ce grand argument des hommes de Bourse a
pu être pris par nous-même en considération
pour proposer que la loi reconnût et légitimât
les marchés à terme sérieux et réellement exécutés[1] : mais quant aux opérations fictives qui
ne se résolvent que par des payements de différences ou de primes, en quoi faciliteraient-elles
les emprunts, dont les titres ne seraient pour
ces parieurs que de nouvelles cartes pour
jouer ?

Si nous devions traiter ici à fond la grande
question des emprunts, nous développerions
quelques considérations qu'il nous suffit d'indi-

---

[1] Voyez plus haut, page 126.

quer. Pour peu que, dans l'administration d'un
État, il y ait d'ordre et de sagesse, la position
d'emprunteur n'est pas son état normal. Ce
n'est que dans des circonstances extraordinaires, pour des besoins exceptionnels et ur-
gents que l'on doit recourir à cette ressource
extrême de grever l'avenir, de s'endetter. Or,
ce n'est pas pour des cas exceptionnels que
les institutions organiques doivent être combinées et réglementées: c'est, au contraire, pour
l'état normal et régulier du pays. Lorsque
des circonstances extraordinaires l'ont obligé à accroître la dette publique par des emprunts nouveaux, tout gouvernement économe et prévoyant crée un amortissement pour
justifier et entretenir, par cette sorte d'hypo-
thèque, la confiance de ses prêteurs, et il profite des années de paix et de prospérité pour
amortir cette dette et rétablir l'équilibre dans
les finances de l'État. Voilà ce que prescrivent la
saine économie politique et le simple bon sens.

Malheureusement ce n'est pas ainsi qu'ont
opéré les gouvernements qui se sont succédé
en France depuis soixante-dix ans.

Mais ces hautes·questions sortent de notre sujet et nous devons nous borner à établir que si les marchés à terme peuvent, en effet, faciliter la réalisation et l'écoulement des emprunts de l'État, les marchés fictifs et de pur jeu n'ont nullement pour effet d'opérer le résultat que le gouvernement doit le plus désirer, le classement de ces emprunts. On a pu s'en convaincre dernièrement encore, à l'émission des emprunts de 1855 et de 1859[1].

Ce qui contribue à soutenir, à affermir le crédit de l'État, ce n'est pas que ses effets négociables soient chaque jour l'objet de spéculations désordonnées et de marchés fictifs; c'est que l'administration soit sage et économe; que l'État soit toujours fidèle à ses engagements et paye avec une rigoureuse exactitude les intérêts de sa dette; que son amortissement fonctionne avec une constante régularité. Enfin ce que l'on peut désirer de mieux dans l'intérêt de l'État, c'est que les effets représentatifs de sa dette, au lieu d'être flottants, comme des

---

[1] Voir la note IV, page 278.

cartes de jeu dans les mains des agioteurs, soient classés dans les mains des rentiers et des établissements publics, et des spéculateurs sérieux.

§ 3. — Un dernier mot, pour ne pas paraître éviter une objection, la plus forte de toutes, précisément parce que c'est celle que tout le monde sent et que personne ne veut ou n'ose avouer. Nous l'éviterons d'autant moins qu'en pareille matière, il ne faut rien dissimuler et que, d'ailleurs, cette objection est elle-même une preuve de plus de la vérité de nos assertions et des abus que nous signalons.

Si les réformes que nous proposons ou toutes autres du même genre étaient adoptées, il en résulterait une diminution considérable des opérations de pur jeu : la spéculation et ses opérations réelles oseraient seules se montrer ouvertement ; l'agiotage, forcé de se déguiser, deviendrait plus difficile et plus dangereux. Certains joueurs, dans la crainte de contestations fâcheuses et d'une publicité possible, deviendraient plus réservés et plus timides. Dès lors, comme les marchés de pur jeu composent au moins les quatre cinquièmes des opérations, pour ne pas dire plus, le mouvement de la Bourse, aujourd'hui si actif, si tumultueux, semblerait arrêté : agents et joueurs s'écrieraient que la Bourse languit, qu'il se manifeste dans les affaires une stagnation déplorable et inquiétante ; que le crédit est en péril, que le sang ne circule plus dans les veines de l'État, etc.

Des intérêts plus puissants que recommandables se soulèveraient aussitôt contre le projet de réforme.

Que deviendraient soixante agents de change dont les charges, qui se vendaient en 1816 70,000 fr., se vendent aujourd'hui plus de 2 millions ; dont l'industrie exige en conséquence une mise de fonds d'environ 2,500,000 fr. pour chaque agent ; et qui gagnent annuellement de 70 à 80 millions, tant de courtages que de reports[1] ?

Comment les satisfaire, ou seulement les apaiser, si, en réprimant un jeu qui est la prin-

----

[1] Voir page 99 et la note I, page 269.

cipale source de leurs énormes profits, on rédui-
sait au quart ou au cinquième la valeur de
leurs charges et de leurs bénéfices ?

Que deviendraient leurs associés, au quart,
au huitième, au seizième : leurs cent ou cent
vingt adjudants, les ex-coulissiers, et toute la
bande boursière qui ne vit que de ce jeu?

Il faudrait, en outre, s'attendre à une opposition sourde, mais obstinée et bien puissante,
de la part de gens du monde qui, se trouvant
en position de prévoir les événements ou d'en
être informés en temps utile, jouent presque
toujours à coup sûr et avec un succès fatal au
vulgaire des joueurs [1]. Plus d'espoir de réaliser
ces fortunes brillantes, rapides, inexplicables,
qui se comptent par millions, ou plutôt qui ne
se comptent plus : la source en serait tarie !

Voilà, si l'on veut en convenir avec franchise, les principales difficultés, les plus grands
obstacles à toute réforme des abus contre lesquels l'opinion publique se soulève depuis si
longtemps.

[1] Voir pages 95, 109, 141, 227.

15.

Si de pareils intérêts continuaient à prévaloir; si, par des considérations que la morale et la saine politique ne semblent pas pouvoir admettre, aucune réforme n'était tentée, les mystères de l'agiotage seront du moins bien dévoilés, bien connus; les dupes bien averties, et, au défaut des lois et des règlements, la réprobation générale et la méfiance publique feront justice tôt ou tard.

SECTION III. — Conclusion.

En publiant les observations que l'on vient de lire, nous ne sommes que les organes de la conscience publique qui gémit et se soulève à la vue de tant de scandales, de procès honteux, de faillites, de ruines et de suicides, funestes résultats de ce jeu patent, effréné, qui depuis plus de quarante ans s'étale chaque jour à la Bourse, avec approbation et privilége de l'autorité. Tout ce qui n'est pas joueur de profession ou agent d'agiotage demande à grands cris une réforme.

Le programme de cette réforme, tel que

nous l'avons posé, est-il rempli par les mesures
que nous avons indiquées, avec l'assentiment
d'hommes habiles et expérimentés en cette
matière? Nos lecteurs en jugeront. Que ceux
qui ne partageraient pas nos opinions, qui croi-
raient nos appréciations erronées, nos propositions insuffisantes ou dangereuses, veuillent
bien les critiquer, les rectifier, les amender
avec la même franchise, le même désir du bien
dont nous sommes animés, et surtout présenter
des mesures plus sages et plus efficaces. Mais,
au nom de cette bonne foi, de cette loyauté
qui doivent être les bases de toutes les transactions et qui sont le fondement du véritable
crédit, qu'ils prennent part au débat, et que
chacun apporte à cette œuvre d'intérêt natio-
nal et de pudeur publique le tribut de sa critique et de ses lumières. Des abus aussi invé-
térés, défendus avec autant d'acharnement, ne
peuvent tomber que sous un concert unanime
de réprobation et un soulèvement général de
l'opinion publique, qui provoquent enfin la
sollicitude et l'action toute-puissante du gouvernement.

Pourrait-on désespérer du succès, quand la cause que nous défendons a déjà obtenu le plus auguste suffrage ? L'Empereur lui-même, acceptant l'hommage du livre publié par M. Oscar de Vallée [1], daignait lui adresser une lettre dans laquelle il le félicitait « d'avoir combattu « un mal sérieux qui gagne la société, et d'a-« voir donné un excellent exemple en cher-« chant le remède et en publiant un ouvrage « où les leçons de l'histoire viennent appuyer « les préceptes de la morale. »

Il n'est, en effet, que trop déplorable de voir la société tout entière, depuis les rangs les plus élevés jusqu'aux classes les plus modestes, possédée de cette fièvre de cupidité, de cette soif insatiable de gain qui tend à étouffer dans tous les cœurs les sentiments élevés, les instincts généreux et même le goût de tout travail honnête. On gémit au triste récit des ruines, des désespoirs, des suicides qui sont si fré-

---

[1] Lettre adressée du palais de St-Cloud, le 24 juin 1857, à M. Oscar de Vallée, avocat général, au sujet de son livre intitulé : *les Manieurs d'argent*.

quemment le résultat de cette passion funeste !
Et parmi ces victimes du jeu, les moins malheureux sont ceux qui finissent par la misère
ou par la Morgue, au lieu du déshonneur ou
du crime. Tâchons du moins de faire en sorte
que les spéculations ne deviennent pas des
piéges, et que la Bourse soit le moins possible
une école d'astuce et de corruption. On sait
trop par quoi l'on finit souvent lorsqu'on com-
mence par être dupe.

NOTES

NOTE I. — Page 146.

Pour acquérir et exploiter maintenant une charge d'agent de change, il faut y employer deux millions et demi, savoir :

	Fr.
Prix de la charge, environ.	2,000,000 [1]
Cautionnement.	125,000
Contribution au fonds de réserve ou fonds commun.	50,000
Frais de réception (règlement particulier, tit. 2, art. 5, novembre 1832).	2,500
	2,177,500
En outre un fonds de roulement, environ.	300,000
	2,477,500

[1] Les charges d'agent de change se sont vendues :

en 1816.	fr.	70,000
vers 1828		400,000
vers 1847		950,000
en 1857.		1,650,000
en 1859.		2,000,000

Est-il fâcheux que le prix des charges se soit élevé si haut ? Ce

Il est peu de personnes qui possèdent un tel capital disponible ou qui consentiraient à l'engager dans une pareille entreprise.

Les titulaires de ces charges trouvent facilement des capitalistes qui fournissent les fonds nécessaires en formant avec le titulaire une société en commandite, dont il est le gérant responsable.

prix qui est réalisé par la vente de la charge, en cas de déconfiture de l'agent titulaire, devient une garantie pour les clients. Sans ce supplément toujours disponible, le cautionnement, qui n'est que de 125,000 fr., serait dérisoire, eu égard au nombre infini d'opérations de jeu qui se font journellement et qui ont été la cause de cet accroissement du prix des charges.

NOTE II. — Page 247.

Les théories les plus savantes, les raisonnements les plus spécieux ne changeront jamais la nature des choses. Quoi que l'on dise, quoi que l'on fasse, le crédit de l'État est fondé sur la confiance publique. Il sera toujours en proportion des assurances ou des espérances de stabilité du gouvernement, de sa solvabilité, des gages de paix et de sécurité pour le présent et pour l'avenir. Les événements politiques eux-mêmes n'influent sur le crédit que sous ces rapports, car l'argent ne se pique nullement d'un patriotisme poussé jusqu'au désintéressement et à l'abnégation. Le spéculateur et surtout le joueur profitent des désastres de la patrie aussi bien que de ses triomphes, et l'on a vu plus d'une fois la rente hausser à la Bourse le lendemain de nos revers. Les fluctuations de la rente, depuis sa création, prouvent jusqu'à l'évidence la vérité de ces observations.

Sous le Directoire, période de corruption générale, de désordres de tous genre et de guerres malheureuses, toute confiance s'éteint; le 17 brumaire an VIII

(8 novembre 1799) le 5 p. °/₀ était tombé à 11 fr. 30 c. ¹.

Un homme d'un puissant génie s'empare du pouvoir, promet le rétablissement de l'ordre : dix jours après (le 18 novembre 1799) le 5 p. °/₀ était déjà remonté à 20 fr. 50.

Sous ce régime réorganisateur, malgré des guerres incessantes et les fluctuations qui en étaient la conséquence, la rente était remontée entre 80 et 88 ². Mais la France était lasse de guerres. L'expédition de Russie, nos revers de 1812, de 1813 et l'invasion qui en fut la suite avaient fait baisser la rente à tel point que le 29 mars 1814 elle était à 45 fr. ; le 31 mars, à la capitulation de Paris, elle remonte à 47 fr. 50 c. ; après l'entrée des alliés à Paris, à 49 fr. 50 ; après l'abdication de l'empereur à 63 fr. 50.

Le retour de Napoléon fait craindre une guerre nouvelle : le 5 p. °/₀ qui, du 1er au 5 mars 1815 était au cours moyen de 78 fr. 50, descend en juin jusqu'à 53 fr. ; après le désastre de Waterloo, il remonte à 59 fr. 75 ; le 15 juillet, il est à 63 fr. 75 c.

La paix est durement imposée, chèrement achetée, mais enfin elle paraît assurée ; l'industrie, le com-

---

¹ Il y a même eu des jours en 1797 (1er et 4e trimestres) et en 1799 (2e, 3e et 4e trimestres, où l'on a pu acheter 5 fr. de rente perpétuelle pour un capital de 9 fr., de 8 fr. 12 c., de 7 fr. et même de 6 fr. 16 c.

² 88 fr. 90 c. au plus haut de cette période, le 16 mars 1810.

merce se ravivent; le 5 p. %, remonte graduellement jusqu'à 110 fr. 65 c. [1]; le 3 p. %, créé en 1825, est à 82 fr. [2].

Mais en 1829, le gouvernement semble menacer nos institutions ; on craint des troubles ; le 3 p. %, descend à 79 fr. [3]. Une révolution éclate ; le 3 p. %, tombe jusqu'à 55 fr. [4].

Cependant la monarchie constitutionnelle se raffermit, la tranquillité renaît, les craintes de guerres se dissipent ; le 3 p. %, remonte par degrés jusqu'à 86 fr. 65 c. [5]

Du 15 au 20 février 1848, le cours moyen était à 74 fr. 15 c. : la république est proclamée, il descend rapidement et tombe jusqu'à 38 fr. en mars ; jusqu'à 32 fr. 60 à la suite des journées de juin.

La nomination du prince-président, puis la restauration de l'empire sont accueillis comme des gages d'ordre, de sécurité, de paix intérieure et extérieure ; le 3 p. %, remonte, dès le premier trimestre de 1849, jusqu'à 58 fr. et pendant le quatrième trimestre de 1852 jusqu'à 86 fr.

Depuis lors, toujours mêmes tendances ; la guerre

---

[1] Cours le plus haut pendant le 1er trimestre 1829.
[2] Pendant le mois de juillet 1829.
[3] Cours moyen du 20 au 25 juillet 1830.
[4] En décembre 1830.
[5] Cours le plus élevé, 3e trimestre 1840.

d'Orient, déclarée en 1854, fait baisser la rente [1], la paix conclue en 1856 la relève. La guerre d'Italie en 1859 [2] fait fléchir le 3 p. %; la paix le fait remonter [3].

En un mot, si l'on veut suivre en détail les diverses oscillations de la rente dans tous les temps et sous tous les régimes, on trouvera constamment les mêmes résultats : baisse devant toute certitude ou seulement toute crainte de guerres ou de troubles ; hausse, quels que soient les événements, victoires ou revers, dès que l'on voit renaître ou seulement que l'on espère l'ordre, la paix, la tranquillité.

---

[1] Déclaration de guerre de la France et de l'Angleterre à la Russie le 27 mars 1854. — Paix signée à Paris le 30 mars 1856.

[2] Déclaration de guerre à l'Autriche, fin d'avril 1859.

[3] Préliminaires de Villafranca, 11 juillet 1859. — Traité de Zurich, 10 novembre 1859 ; promulgué le 27.

NOTE III. — Page 253.

Pour réclamer une liberté illimitée dans les marchés à terme de toute nature, on a souvent allégué la réponse faite par M. Roscary à l'empereur, à l'époque où l'on discutait au conseil d'État les articles 421 et 422 du code pénal : « Lorsque le porteur d'eau est à « ma porte avec sa charrette qui ne contient qu'un « tonneau d'eau, serait-il coupable en m'en vendant « deux ? Non certainement, puisqu'il est toujours sûr « de le trouver à la rivière. Eh bien ! Sire, il y a à la « Bourse une rivière de rentes [1]. »

La réponse était juste ; mais pourquoi ? Parce qu'il s'agissait de faire considérer comme un *stellionat* la vente à terme de rentes ou d'effets que le vendeur ne possédait pas au moment où il signait le marché.

Or, il ne s'agit ici nullement d'assimiler une vente à terme à un *stellionat*. Les négociants font tous les jours des marchés à terme pour des marchandises à livrer : les fournisseurs du gouvernement ne font pas

---

[1] *Mémoire des agents de change*, 1843, p. 44, et Appendice, p. 280.

autre chose que de s'engager à effectuer, à des termes fixes, des livraisons d'objets qu'ils ne possèdent pas actuellement. Il ne s'agit que de réglementer les marchés à terme de manière à ce qu'ils soient sérieux et sincères, et qu'ils ne deviennent pas une simple formule de jeu.

A ce propos, il s'est présenté un fait assez curieux. Un jeune agent de change vendit un jour 900,000 fr. de rente ferme contre prime et 10,000 actions de chemins de fer. A la nouvelle d'une opération aussi considérable, le syndicat s'inquiéta, demanda des explications à l'agent de change et voulut connaître le nom du client qui se livrait à des spéculations aussi considérables. Cette exigence du syndicat fut blâmée et considérée comme une infraction au principe de l'inviolable secret. Mais y a-t-il preuve plus convaincante du caractère de pur jeu de la plupart des forts marchés à terme et une réfutation plus frappante de l'argument de M. Boscary? Comment ce client, quelque riche qu'il fût, aurait-il pu se procurer en liquidation les 26 ou 27 millions, prix de ses achats, et où les vendeurs auraient-ils trouvé en titres flottants sur la place 900,000 fr. d'inscriptions de rentes, et 10,000 actions de chemins de fer, en sus du mouvement ordinaire?

Si l'on désirait plus de détails encore pour constater que l'immense majorité des marchés à terme ne sont, en réalité, que des opérations de pur jeu, on pourrait lire les développements présentés par M. Perrot de Chezelles, avocat général, portant la parole devant la cour royale de Paris le 4 juillet 1836, dans le procès relatif au sieur Bureaux, agent de change [1].

[1] Même *Mémoire des agents de change*; Appendice, pages 166 et suiv.

NOTE IV. — Page 258.

Tout en se félicitant du succès de ces emprunts, il faut reconnaître qu'il a été dû en partie à l'espoir d'un gain facile que les habiles de la Bourse ont su découvrir dans les dispositions des lois du 11 juillet 1855 et du 2 mai 1859. Un grand nombre d'entre eux n'avaient souscrit que dans le but de revendre en hausse leur certificat d'emprunt, avant même d'avoir versé le premier terme des neuf dixièmes restant à payer ; ils ont, en effet, réalisé avec succès cette manœuvre, et ces titres flottants ont pesé longtemps sur le marché. Pour se convaincre de ce fait, il suffit de remarquer que pour le premier emprunt qui n'était que de 780 millions, les souscriptions se sont élevées à 3 milliards 652 millions, et que pour le second qui était de 520 millions, les souscriptions se montaient à 2 milliards 509 millions : quelque confiance dans le gouvernement que manifestassent les souscripteurs par leur affluence et leur empressement, il est impossible de ne pas reconnaître qu'il s'y mêlait un grand mouvement de spéculation, sinon de pur agiotage.

FIN.

TABLE

Paris. — Imp. W. REMQUET, GOUPY et Cie, rue Garancière 5.

www.ingramcontent.com/pod-product-compliance
Lightning Source LLC
Chambersburg PA
CBHW070250200326

41518CB00010B/1752